Christine Bircher

Mathe Lernkontrollen 1

Testaufgaben mit Lösungen
im Zahlenraum bis 20

Kopiervorlagen mit Lösungen

Gedruckt auf umweltbewusst gefertigtem, chlorfrei gebleichtem
und alterungsbeständigem Papier.

1. Auflage 2008
Nach den seit 2006 amtlich gültigen Regelungen der Rechtschreibung
© by Brigg Pädagogik Verlag GmbH, Augsburg
Alle Rechte vorbehalten.

Originalausgabe © 2004 elk *verlag* AG, CH-Winterthur, www.elkverlag.ch
Christine Bircher
Mathe Lernkontrollen 1

Illustrationen: Ursina Lanz

ISBN 978-3-87101-310-2   www.brigg-paedagogik.de

INHALT

VORWORT/ORGANISATION

Liebe Kolleginnen und Kollegen,

sind Sie auch immer auf der Suche nach Aufgaben für eine
Standortbestimmung oder für eine Lernkontrolle?
Dies bewog mich, das „mathematische" Jahr systematisch zu
gliedern und für die einzelnen Themenbereiche je zwei Vorlagen
zusammenzustellen. Benutzen Sie sie als Wiederholung, als
Aufgabenblätter oder als Lernkontrollen.

Lernkontrollen müssen nicht immer mit Fehlern und Noten in
Verbindung gebracht werden. Sie bieten die Chance, die Stärken
und Schwächen der einzelnen Schülerinnen und Schüler zu
erkennen. Bewusst habe ich die Vorlagen auf die rechnerischen
Fähigkeiten ausgerichtet; erst bei den höheren Schwierigkeits-
graden kommen verschiedene mathematische Darstellungen zum
Zuge.
Ich freue mich, wenn Ihnen die Arbeitsblätter die Vorbereitungen
erleichtern.

Christine Bircher

Organisation

ZEITPUNKT 1. Schuljahr, auch Anfang 2. Schuljahr zur Wiederholung

ARBEITSAUFTRÄGE Die Arbeitsaufträge sind so gestaltet, dass sie von den meisten
Kindern selbstständig gelöst werden können.

INDIVIDUALISIERUNG Jedes Arbeitsblatt ist in drei Schwierigkeitsgrade aufgeteilt:
*   Grundlegende Anforderungen: Diese Aufgaben sollte jedes
     Kind beherrschen.
**   Erweiterte Anforderungen: Auch diese Aufgaben sollten von
     einem großen Teil der Kinder gelöst werden können.
*** Herausforderungen: Sie sind für interessierte Kinder gedacht
     und beinhalten verschiedenste mathematische
     Problemstellungen.

SELBSTKONTROLLE Für die Selbstkontrolle finden Sie die Lösungen ab Seite 41.

KONTROLLE Es ist sicher von Vorteil, wenn Sie die Arbeitsblätter zuerst selbst
lösen. So können Sie sicherstellen, dass Ihre Schülerinnen und
Schüler mit den Aufgabenarten vertraut sind.

Christine Bircher: Mathe Lernkontrollen 1 © Brigg Pädagogik Verlag GmbH, Augsburg

Lernkontrolle 1A

Zahlenraum 0 bis 5

---

*

Zeichne dazu oder streiche weg.

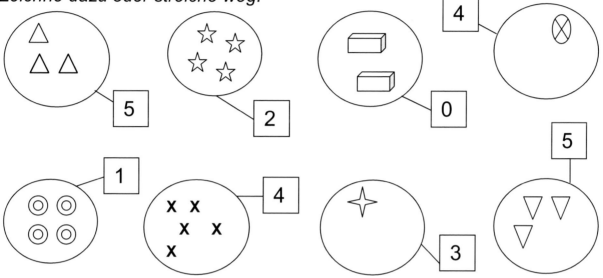

**   *Zeichne die Würfelpunkte von 1 bis 6 richtig ein.*

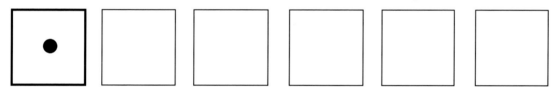

1   5   2   4   6   3

4 < __   2 < __   __ > 6   0 < __ > __

1 > __   5 < __   __ < 2   3 > __ > __

***   *Ergänze die Muster mit verschiedenen Farben.*

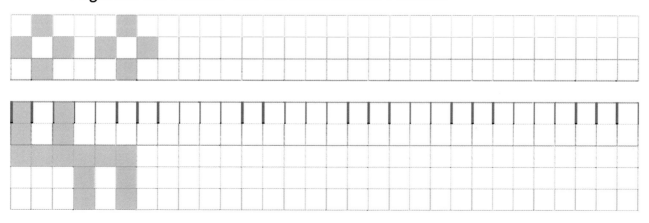

Christine Bircher: Mathe Lernkontrollen 1 © Brigg Pädagogik Verlag GmbH, Augsburg

Lernkontrolle 1B

Zahlenraum 0 bis 5

---

*

Zeichne dazu oder streiche weg.

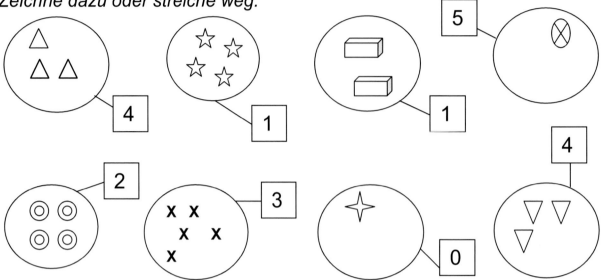

** *Zeichne die Würfelpunkte von 1 bis 6 richtig ein.*

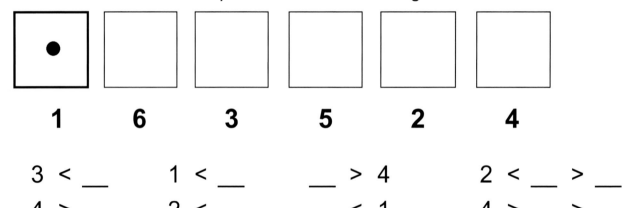

| 1 | 6 | 3 | 5 | 2 | 4 |

3 < __   1 < __   __ > 4   2 < __ > __

4 > __   2 < __   __ < 1   4 > __ > __

*** *Ergänze die Muster mit verschiedenen Farben.*

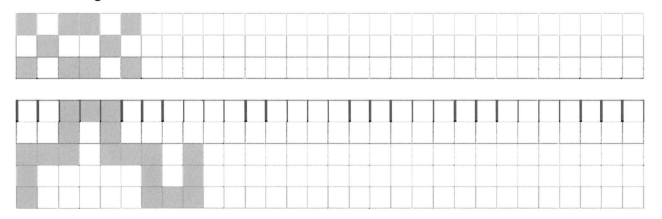

Christine Bircher: Mathe Lernkontrollen 1 © Brigg Pädagogik Verlag GmbH, Augsburg

Lernkontrolle 2A

Zahlenraum 0 bis 10

---

*

Ordne die Zahlen der Größe nach. Beginne mit der kleinsten.

7	2	4	8	0	10

6	9	1	3	5	7

Zeichne dazu oder streiche weg.

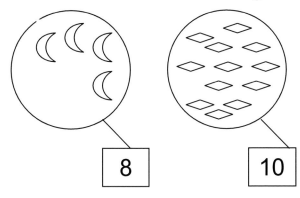
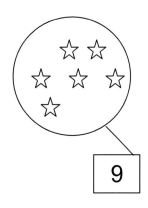
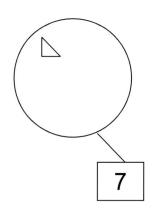

** größer als, gleich, kleiner als (> = <)

7 < __	__ > 2	8 + 1 __ 10	2 + 6 __ 9
3 < __	__ < 1	4 + 2 __ 5	0 + 4 __ 4
9 < __	__ = 6	5 + 4 __ 9	3 + 3 __ 8
10 > __	__ > 3	3 + 2 __ 6	5 + 3 __ 7

*** *Jede Figur besteht aus 9 Kästchen. Male verschiedene Formen.*

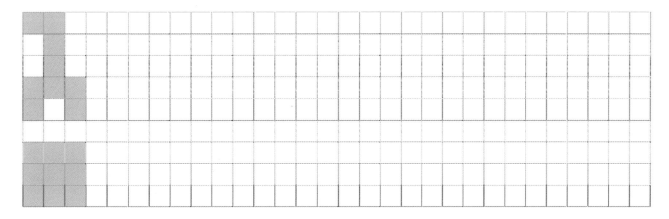

Christine Bircher: Mathe Lernkontrollen 1 © Brigg Pädagogik Verlag GmbH, Augsburg

Lernkontrolle 2B

Zahlenraum 0 bis 10

---

*

Ordne die Zahlen der Größe nach. Beginne mit der kleinsten.

6	3	5	9	10	1

8	7	0	2	4	5

Zeichne dazu oder streiche weg.

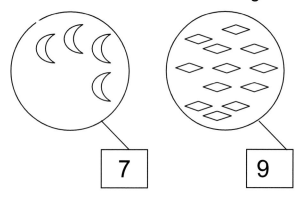

7   9

10

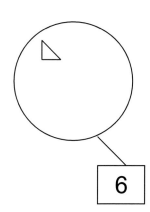

6

** größer als, gleich, kleiner als (> = <)

8 < __	__ > 3	9 + 1 __ 10	1 + 7 __ 7
4 < __	__ < 2	2 + 4 __ 5	5 + 0 __ 5
7 < __	__ = 5	3 + 2 __ 6	4 + 3 __ 6
9 > __	__ > 6	4 + 3 __ 7	2 + 2 __ 6

*** *Jede Figur besteht aus 9 Kästchen. Male verschiedene Formen.*

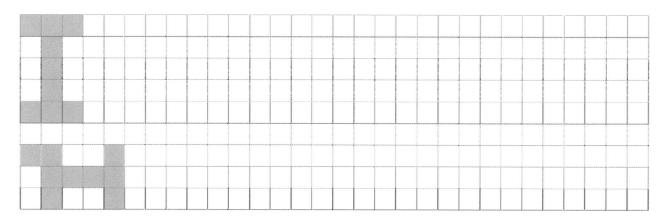

Christine Bircher: Mathe Lernkontrollen 1 © Brigg Pädagogik Verlag GmbH, Augsburg

Lernkontrolle 3A

Zerlegen im Zahlenraum bis 10

----

*

Ergänze immer auf die Zahl im obersten Feld.

8	
5	
	2
0	
	6
3	
	7
4	

6	
1	
	3
	5
6	
	4
0	
	2

7	
3	
	5
	1
	4
2	
6	
	0

**

$6 = 2 + \underline{\ \ }$

$10 = 4 + \underline{\ \ }$

$4 = 1 + \underline{\ \ }$

$9 = 5 + \underline{\ \ }$

$10 = 1 + \underline{\ \ }$

$8 = 5 + \underline{\ \ }$

$8 = 3 + \underline{\ \ }$

$2 = 0 + \underline{\ \ }$

$10 = 5 + \underline{\ \ }$

$9 = 2 + \underline{\ \ }$

$5 = 1 + \underline{\ \ }$

$9 = 6 + \underline{\ \ }$

$1 = 1 + \underline{\ \ }$

$10 = 2 + \underline{\ \ }$

$4 = 3 + \underline{\ \ }$

$10 = 7 + \underline{\ \ }$

$9 = 3 + \underline{\ \ }$

$7 = 4 + \underline{\ \ }$

***

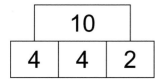

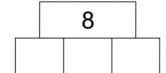

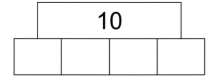

Christine Bircher: Mathe Lernkontrollen 1 © Brigg Pädagogik Verlag GmbH, Augsburg

Lernkontrolle 3B

Zerlegen im Zahlenraum bis 10

---

*

Ergänze immer auf die Zahl im obersten Feld.

9	
4	
	8
3	
	7
5	
	6
0	

7	
6	
	2
	3
0	
	4
1	
	5

8	
3	
	6
	1
	4
2	
5	
	0

**

$6 = 3 + \underline{\ \ }$

$8 = 1 + \underline{\ \ }$

$5 = 2 + \underline{\ \ }$

$10 = 4 + \underline{\ \ }$

$1 = 1 + \underline{\ \ }$

$7 = 6 + \underline{\ \ }$

$8 = 2 + \underline{\ \ }$

$6 = 3 + \underline{\ \ }$

$2 = 0 + \underline{\ \ }$

$4 = 1 + \underline{\ \ }$

$9 = 7 + \underline{\ \ }$

$10 = 6 + \underline{\ \ }$

$1 = 0 + \underline{\ \ }$

$5 = 1 + \underline{\ \ }$

$7 = 5 + \underline{\ \ }$

$9 = 6 + \underline{\ \ }$

$10 = 3 + \underline{\ \ }$

$6 = 4 + \underline{\ \ }$

***

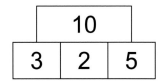

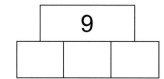

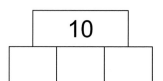

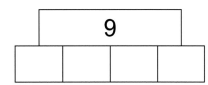

Christine Bircher: Mathe Lernkontrollen 1 © Brigg Pädagogik Verlag GmbH, Augsburg

Lernkontrolle 4A

Addition im Zahlenraum bis 10

*

4 + 2 = __	3 + 3 = __	1 + 6 = __
6 + 1 = __	7 + 3 = __	2 + 2 = __
4 + 4 = __	6 + 2 = __	5 + 2 = __
10 + 0 = __	8 + 1 = __	4 + 6 = __
5 + 4 = __	0 + 7 = __	3 + 4 = __

6 + 3 = __	4 + 3 = __	
1 + 5 = __	8 + 2 = __	
3 + 5 = __	7 + 0 = __	
2 + 7 = __	6 + 4 = __	
0 + 4 = __	3 + 7 = __	

**

                                                    > = <

3 + 0 + 2 + 3 + 1 = __	5 + 2 + 2 __ 10
5 + 2 + 2 + 0 + 1 = __	3 + 6 + 1 __ 10
1 + 4 + 1 + 0 + 2 = __	2 + 2 + 2 __ 8
2 + 4 + 0 + 3 + 1 = __	4 + 5 + 1 __ 9

***

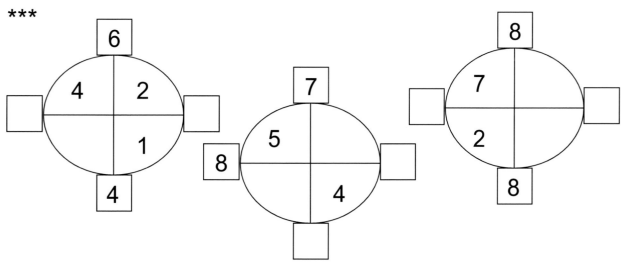

11   Christine Bircher: Mathe Lernkontrollen 1 © Brigg Pädagogik Verlag GmbH, Augsburg

Lernkontrolle 4B

Addition im Zahlenraum bis 10

---

*

5 + 3 = __   4 + 5 = __   0 + 5 = __

8 + 0 = __   3 + 6 = __   3 + 4 = __

2 + 5 = __   9 + 1 = __   5 + 5 = __

1 + 6 = __   6 + 2 = __   2 + 1 = __

7 + 2 = __   10 + 0 = __   3 + 3 = __

4 + 4 = __   5 + 4 = __

6 + 4 = __   3 + 5 = __

1 + 8 = __   7 + 0 = __

0 + 6 = __   8 + 2 = __

2 + 2 = __   4 + 2 = __

**

> = <

4 + 2 + 2 + 1 + 1 = __   6 + 2 + 2 __ 10

2 + 1 + 4 + 0 + 2 = __   2 + 5 + 2 __ 10

3 + 5 + 0 + 1 + 1 = __   5 + 4 + 1 __ 8

1 + 0 + 2 + 3 + 2 = __   3 + 2 + 2 __ 9

***

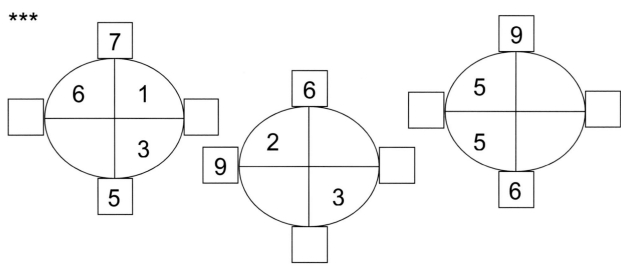

Christine Bircher: Mathe Lernkontrollen 1 © Brigg Pädagogik Verlag GmbH, Augsburg

Lernkontrolle 5A

Subtraktion im Zahlenraum bis 10

*

10 – 2 = __   4 – 2 = __   10 – 8 = __

8 – 3 = __   5 – 0 = __   6 – 5 = __

6 – 2 = __   10 – 5 = __   8 – 4 = __

9 – 5 = __   2 – 1 = __   9 – 1 = __

7 – 7 = __   7 – 5 = __   4 – 1 = __

8 – 7 = __   10 – 3 = __

7 – 2 = __   4 – 3 = __

9 – 6 = __   8 – 5 = __

6 – 3 = __   2 – 0 = __

5 – 3 = __   3 – 2 = __

**   > = <

9 – 2 – 2 – 1 – 1 = __   8 – 4 – 2 __ 3

10 – 6 – 1 – 0 – 1 = __   10 – 6 – 1 __ 2

7 – 4 – 1 – 0 – 2 = __   9 – 3 – 2 __ 4

10 – 3 – 3 – 3 – 0 = __   10 – 5 – 3 __ 1

8 – 4 – 0 – 1 – 1 = __   9 – 2 – 2 __ 6

***   Zwei Bausteine zusammengezählt, ergeben den oberen Baustein.

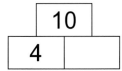
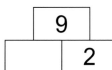
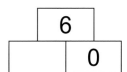
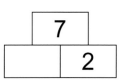

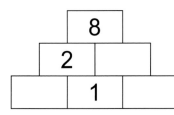
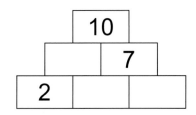
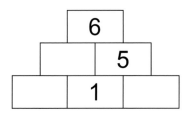

          Christine Bircher: Mathe Lernkontrollen 1 © Brigg Pädagogik Verlag GmbH, Augsburg

Lernkontrolle 5B

Subtraktion im Zahlenraum bis 10

---

*

9 – 3 = __	5 – 5 = __	8 – 7 = __
7 – 4 = __	6 – 3 = __	4 – 1 = __
5 – 1 = __	2 – 1 = __	10 – 5 = __
8 – 2 = __	10 – 7 = __	7 – 7 = __
4 – 3 = __	1 – 0 = __	3 – 2 = __

7 – 5 = __	8 – 4 = __
10 – 2 = __	6 – 4 = __
6 – 5 = __	3 – 1 = __
9 – 4 = __	4 – 2 = __
5 – 2 = __	7 – 0 = __

**

> = <

10 – 4 – 3 – 0 – 1 = __   9 – 5 – 2 __ 3

8 – 2 – 2 – 2 – 2 = __   8 – 6 – 1 __ 0

10 – 3 – 3 – 1 – 2 = __   9 – 3 – 2 __ 6

9 – 2 – 0 – 3 – 1 = __   10 – 4 – 4 __ 2

9 – 5 – 2 – 0 – 1 = __   10 – 2 – 3 __ 4

***   Zwei Bausteine zusammengezählt, ergeben den oberen Baustein.

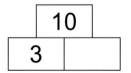  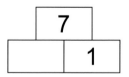 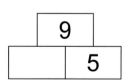

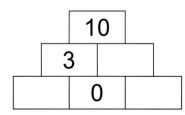 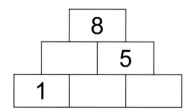 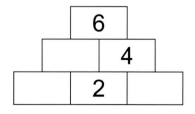

14   Christine Bircher: Mathe Lernkontrollen 1 © Brigg Pädagogik Verlag GmbH, Augsburg

Lernkontrolle 6A

Ergänzen, Vermindern, Zerlegen bis 10

----

*

4 + __ = 9   10 – __ = 1   10 – __ = 7

7 + __ = 10   8 – __ = 6   7 – __ = 4

2 + __ = 7   9 – __ = 2   8 + __ = 10

5 + __ = 5   3 – __ = 0   0 + __ = 5

1 + __ = 8   6 – __ = 5   5 – __ = 3

6 + __ = 10   2 + __ = 9

9 + __ = 9   1 – __ = 0

2 – __ = 1   4 + __ = 6

3 + __ = 7   8 – __ = 4

4 – __ = 2   9 – __ = 5

**

9 = 7 + __   10 = __ + 3   2 + __ + 4 = 8

4 = 10 – __   0 = __ – 4   3 + __ + 1 = 9

10 = 5 + __   7 = __ + 1   10 – __ – 2 = 3

8 = 9 – __   3 = __ – 3   2 + __ + 0 = 6

6 = 2 + __   9 = __ + 5   9 – __ – 4 = 4

*** *Setze die passenden Zeichen ein (+ – =).*

4	+	3	=	7

2		2		0

7		6		1

4		4		8

10		5		5

7		2		9

3		7		10

4		5		9

6		2		4

5		7		2

3		8		5

0		7		7

Christine Bircher: Mathe Lernkontrollen 1 © Brigg Pädagogik Verlag GmbH, Augsburg

Lernkontrolle 6B

Ergänzen, Vermindern, Zerlegen bis 10

----

*

2 + __ = 6	9 – __ = 3	8 – __ = 6
8 + __ = 10	10 – __ = 5	5 – __ = 3
1 + __ = 5	7 – __ = 1	3 + __ = 10
6 + __ = 9	4 – __ = 0	2 + __ = 4
8 + __ = 8	2 – __ = 1	6 – __ = 3

5 + __ = 8	7 + __ = 7	
1 + __ = 10	5 – __ = 4	
3 – __ = 0	3 + __ = 6	
5 + __ = 9	1 – __ = 0	
6 – __ = 1	8 – __ = 2	

**

5 = 2 + __	10 = __ + 5	5 + __ + 2 = 9
3 = 10 – __	8 = __ + 4	2 + __ + 3 = 8
10 = 1 + __	5 = __ + 1	10 – __ – 6 = 2
7 = 7 – __	9 = __ + 3	2 + __ + 0 = 5
8 = 3 + __	6 = __ + 5	9 – __ – 3 = 3

*** *Setze die passenden Zeichen ein (+ – =).*

2	+	6	=	8

3		3		0

8		2		6

5		2		7

8		4		4

1		6		7

4		5		9

2		3		5

6		2		4

3		8		5

3		9		6

0		8		8

Lernkontrolle 7A

Rechnen bis 10; gemischt

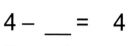

----

*

4 + 5 = __	5 + __ = 9	4 − __ = 4
8 − __ = 3	10 − 8 = __	7 − 4 = __
1 + __ = 8	4 − __ = 0	5 − __ = 1
9 − 4 = __	2 + __ = 6	6 + __ = 9
7 + 2 = __	0 + 7 = __	3 − 1 = __

9 + 1 = __	8 − 7 = __	
0 + 9 = __	10 − __ = 3	
8 − __ = 4	4 + __ = 6	
4 − __ = 1	7 − 5 = __	
1 + 3 = __	9 − __ = 5	

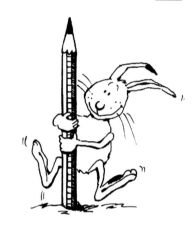

**

__ = 4 + 5	__ = 10 − 5	9 = 10 − __
__ = 2 + 2	__ = 3 − 3	7 = __ + 6
__ = 8 − 5	6 = __ + 3	10 = 5 + __
__ = 6 + 1	__ = 9 − 1	1 = __ − 9
__ = 3 + 7	__ = 10 − 4	4 = 0 + __

***   *Setze die passenden Zahlen und Zeichen ein.*

5 + 2 __ 3 + 4	__ + 4 = 2 + 5	7 + 3 = __ + 5
9 − 2 __ 10 − 4	5 + 3 __ 7 + 1	9 − __ = 4 + 2
4 + 6 = __ + 3	10 − 6 __ 0 + 6	6 + 1 = 9 − __
9 − __ = 2 + 4	4 + __ = 10 − 1	__ + 5 = 2 + 7
6 + 3 __ 4 + 4	9 − 4 = __ + 3	9 − 8 = __ − 6
7 − 4 __ 6 − 3	2 + 2 __ 10 − 8	9 + __ = 4 + 5

    Christine Bircher: Mathe Lernkontrollen 1 © Brigg Pädagogik Verlag GmbH, Augsburg

Lernkontrolle 7B

Rechnen bis 10; gemischt

----

*

$2 + 6 = \_\_$　　　　$4 + \_\_ = 8$　　　　$6 - \_\_ = 6$

$7 - \_\_ = 4$　　　　$9 - 7 = \_\_$　　　　$8 - 4 = \_\_$

$0 + \_\_ = 5$　　　　$6 - \_\_ = 1$　　　　$7 - \_\_ = 3$

$10 - 3 = \_\_$　　　　$2 + \_\_ = 7$　　　　$8 + \_\_ = 10$

$8 + 2 = \_\_$　　　　$1 + 5 = \_\_$　　　　$2 - 0 = \_\_$

$7 + 2 = \_\_$　　　　$9 - 8 = \_\_$

$1 + 9 = \_\_$　　　　$10 - \_\_ = 4$

$6 - \_\_ = 3$　　　　$5 + \_\_ = 8$

$5 - \_\_ = 5$　　　　$8 - 2 = \_\_$

$0 + 8 = \_\_$　　　　$7 - \_\_ = 5$

**

$\_\_ = 3 + 6$　　　　$\_\_ = 10 - 4$　　　　$8 = 10 - \_\_$

$\_\_ = 4 + 4$　　　　$\_\_ = 7 - 7$　　　　$6 = \_\_ + 4$

$\_\_ = 9 - 6$　　　　$5 = \_\_ + 2$　　　　$10 = 2 + \_\_$

$\_\_ = 3 + 2$　　　　$\_\_ = 8 - 3$　　　　$3 = \_\_ - 7$

$\_\_ = 5 + 3$　　　　$\_\_ = 10 - 5$　　　　$5 = 0 + \_\_$

***　　*Setze die passenden Zahlen und Zeichen ein.*

$5 + 4 \_\_ 2 + 5$　　　　$\_\_ + 6 = 2 + 8$　　　　$5 + 4 = \_\_ + 7$

$9 - 2 \_\_ 10 - 4$　　　　$2 + 4 \_\_ 8 - 1$　　　　$10 - \_\_ = 4 + 5$

$10 - 6 = \_\_ + 3$　　　　$9 - 6 \_\_ 0 + 2$　　　　$5 + 2 = 9 - \_\_$

$8 - \_\_ = 5 + 1$　　　　$5 + \_\_ = 10 - 3$　　　　$\_\_ + 3 = 2 + 8$

$4 + 4 \_\_ 2 + 6$　　　　$10 - 8 = \_\_ + 2$　　　　$8 - 7 = \_\_ - 6$

$8 - 4 \_\_ 5 - 2$　　　　$4 + 5 \_\_ 10 - 2$　　　　$7 - \_\_ = 4 + 0$

Christine Bircher: Mathe Lernkontrollen 1 © Brigg Pädagogik Verlag GmbH, Augsburg

Lernkontrolle 8A

Orientierung im Zahlenraum bis 20

---

*
Nachbarzahlen

12 __ 14   17 __ 19   15 __ 17   19 __ 21

__ 10 __   __ 11 __   __ 19 __   __ 15 __

Zahlenfolgen

9 __ 11 __ __ 14   15 14 __ __ __ 10

__ __ 9 10 __ __   __ 19 18 __ __ __

10 12 __ __ 18 __   12 10 __ __ __ 2

**   *Ordne die Zahlen der Größe nach. Beginne mit der kleinsten.*

5	17	11	3	20	12

1	13	7	10	4	15

22	19	6	30	26	12

3	13	8	18	14	24

***   *Fülle die Felder richtig aus.*

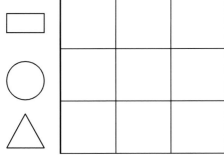

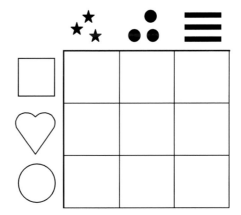

        Christine Bircher: Mathe Lernkontrollen 1 © Brigg Pädagogik Verlag GmbH, Augsburg

Lernkontrolle 8B

Orientierung im Zahlenraum bis 20

---

*
Nachbarzahlen

10 __ 12   18 __ 20   19 __ 21   13 __ 15

__ 13 __   __ 15 __   __ 18 __   __ 17 __

Zahlenfolgen

11 __ 13 __ __ 16   17 16 __ __ __ 12

__ __ 11 12 __ __   __ 20 19 __ __ __

12 14 __ __ 20 __   15 13 __ __ __ 5

**   *Ordne die Zahlen der Größe nach. Beginne mit der kleinsten.*

4	15	12	1	21	16

0	16	11	8	5	14

20	17	4	31	25	16

4	16	7	19	13	25

***   *Fülle die Felder richtig aus.*

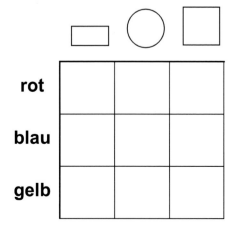

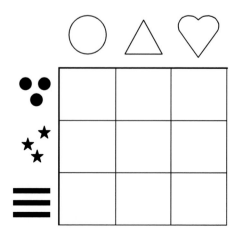

Christine Bircher: Mathe Lernkontrollen 1 © Brigg Pädagogik Verlag GmbH, Augsburg

---

*
Verwandte Zahlen

1	2	3	4	__	6
11	__	__	__	15	__

9	__	__	8	__	__
__	17	20	__	13	21

Verbinde zuerst die verwandten Rechnungen.

$6 + 3 = $ __ •
$8 - 5 = $ __ •
$19 - 6 = $ __ •
$12 + 7 = $ __ •
$14 + 4 = $ __ •
$10 - 1 = $ __ •

• $4 + 4 = $ __
• $9 - 6 = $ __
• $2 + 7 = $ __
• $16 + 3 = $ __
• $20 - 1 = $ __
• $18 - 5 = $ __

**   *Verwandte Rechnungen: Setze die Reihen fort.*

$2 + 7 = $ __
$12 + 7 = $ __
$22 + $ __ $ = $ __
__ $ + 7 = $ __
__ $ + $ __ $ = $ __
__ $ + $ __ $ = $ __

$8 - 3 = $ __
$18 - $ __ $ = $ __
$28 - 3 = $ __
__ $ - 3 = $ __
__ $ - $ __ $ = $ __
__ $ - $ __ $ = $ __

$95 + 2 = $ __
$85 + $ __ $ = $ __
$75 + $ __ $ = $ __
$65 + $ __ $ = $ __
$55 + $ __ $ = $ __
$45 + $ __ $ = $ __

***   *Lege ein Hölzchen so um, dass die Rechnung wirklich 8 ergibt.*
Zeichne die Änderungen mit Farbe ein.

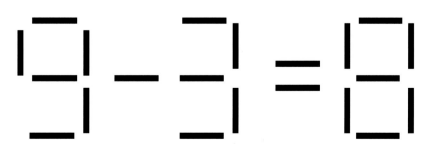

Christine Bircher: Mathe Lernkontrollen 1 © Brigg Pädagogik Verlag GmbH, Augsburg

Lernkontrolle 9B

Verwandte Zahlen und Rechnungen; Zahlenraumerweiterung bis 100

*

Verwandte Zahlen

1	2	3	__	5	6
11	__	__	14	__	__

5	__	__	8	__	__
__	16	12	__	14	20

Verbinde zuerst die verwandten Rechnungen.

7 + 2 = __ •   • 3 + 3 = __

9 − 4 = __ •   • 5 − 3 = __

15 − 3 = __ •   • 1 + 6 = __

11 + 6 = __ •   • 17 + 2 = __

13 + 3 = __ •   • 20 − 4 = __

10 − 4 = __ •   • 19 − 4 = __

** *Verwandte Rechnungen: Setze die Reihen fort.*

3 + 5 = __	9 − 6 = __	94 + 3 = __
13 + 5 = __	19 − __ = __	84 + __ = __
23 + __ = __	29 − 6 = __	74 + __ = __
__ + 5 = __	__ − 6 = __	64 + __ = __
__ + __ = __	__ − __ = __	54 + __ = __
__ + __ = __	__ − __ = __	44 + __ = __

*** *Lege ein Hölzchen so um, dass die Rechnung wirklich 6 ergibt. Zeichne die Änderungen mit Farbe ein.*

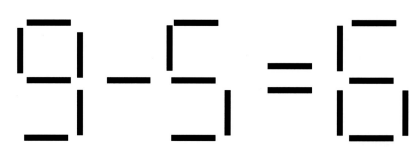

Christine Bircher: Mathe Lernkontrollen 1 © Brigg Pädagogik Verlag GmbH, Augsburg

Lernkontrolle 10A

Ergänzen und Zerlegen im Zahlenraum 10 bis 20

---

*

Ergänze immer auf die Zahl im obersten Feld.

17	
11	
13	
15	
14	
12	

19	
16	
	6
	11
9	
	7

15	
11	
	13
3	
	0
14	

12 = 11 + __
16 = 14 + __
19 = 15 + __
20 = 13 + __
18 = 11 + __

15 = 13 + __
14 = 11 + __
13 = 10 + __
18 = 14 + __
20 = 10 + __

**

15 = __ + 5
12 = __ + 0
18 = __ + 1
17 = __ + 5

19 = __ + 15
17 = __ + 14
13 = __ + 10
14 = __ + 11

19 = __ + 6
16 = __ + 14
__ = 19 + 1
__ = 14 + 4

*** *Verbinde immer 13 Punkte zu verschiedenen Figuren.*

Christine Bircher: Mathe Lernkontrollen 1 © Brigg Pädagogik Verlag GmbH, Augsburg

Lernkontrolle 10B

Ergänzen und Zerlegen im Zahlenraum 10 bis 20

---

*

Ergänze immer auf die Zahl im obersten Feld.

18	
12	
15	
16	
13	
10	

17	
15	
	4
	12
7	
	6

20	
15	
	12
6	
	10
13	

$13 = 10 + \underline{\ \ }$

$15 = 12 + \underline{\ \ }$

$18 = 14 + \underline{\ \ }$

$20 = 17 + \underline{\ \ }$

$19 = 13 + \underline{\ \ }$

$16 = 11 + \underline{\ \ }$

$17 = 17 + \underline{\ \ }$

$14 = 11 + \underline{\ \ }$

$15 = 10 + \underline{\ \ }$

$20 = 12 + \underline{\ \ }$

**

$16 = \underline{\ \ } + 2$

$13 = \underline{\ \ } + 3$

$19 = \underline{\ \ } + 8$

$18 = \underline{\ \ } + 0$

$17 = \underline{\ \ } + 16$

$15 = \underline{\ \ } + 11$

$11 = \underline{\ \ } + 10$

$20 = \underline{\ \ } + 15$

$18 = \underline{\ \ } + 5$

$14 = \underline{\ \ } + 12$

$\underline{\ \ } = 17 + 2$

$\underline{\ \ } = 13 + 3$

*** *Verbinde immer 13 Punkte zu verschiedenen Figuren.*

 Christine Bircher: Mathe Lernkontrollen 1 © Brigg Pädagogik Verlag GmbH, Augsburg

Lernkontrolle 11A

Addition, Subtraktion im Zahlenraum 10 bis 20

---

*

$12 + 5 = \underline{}$ $15 - 4 = \underline{}$ $15 - 1 = \underline{}$

$11 + 9 = \underline{}$ $20 - 8 = \underline{}$ $19 - 2 = \underline{}$

$17 + 2 = \underline{}$ $16 - 2 = \underline{}$ $10 + 9 = \underline{}$

$13 + 3 = \underline{}$ $14 - 3 = \underline{}$ $16 + 4 = \underline{}$

$15 + \underline{} = 20$ $12 + \underline{} = 18$

$19 + \underline{} = 19$ $19 - \underline{} = 15$

$14 - \underline{} = 12$ $14 + \underline{} = 16$

$13 + \underline{} = 17$ $18 - \underline{} = 14$

** *Welche Zahlen passen? Male sie an!*

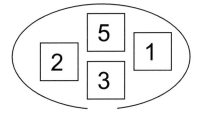

Ovale mit Zahlen:
- 2, 5, 3, 1
- 5, 7, 3, 6
- 4, 7, 9, 5

$13 + \square > 15$ $17 - \square < 12$ $11 + \square > 16$

$\underline{} = 14 - 2$ $\underline{} = 11 + 7$ $13 = \underline{} + 3$

$\underline{} = 11 - 1$ $\underline{} = 15 + 5$ $19 = \underline{} - 1$

***

+	5	7	
12			
13			17
		17	

−	6		7
17		13	
	14		
19			

Lernkontrolle 11B

Addition, Subtraktion im Zahlenraum 10 bis 20

---

*

15 + 2 = __   19 − 6 = __   17 − 5 = __

17 + 1 = __   20 − 9 = __   15 − 3 = __

14 + 5 = __   18 − 3 = __   10 + 8 = __

11 + 7 = __   16 − 5 = __   12 + 6 = __

13 + __ = 15   17 + __ = 19

16 + __ = 18   20 − __ = 14

18 − __ = 11   15 + __ = 15

12 + __ = 20   19 − __ = 12

** *Welche Zahlen passen? Male sie an!*

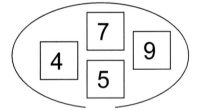

| 7 |
| 4 | 9 |
| 5 |

| 5 |
| 7 | 8 |
| 4 |

| 6 |
| 7 | 4 |
| 3 |

11 + ⬚ > 16   19 − ⬚ < 15   13 + ⬚ > 17

__ = 16 − 5   __ = 15 + 4   18 = __ + 8

__ = 14 − 2   __ = 13 + 2   17 = __ − 2

***

+	5	8	
11			
12			19
		18	

−	5		6
18		14	
	12		
20			

Christine Bircher: Mathe Lernkontrollen 1 © Brigg Pädagogik Verlag GmbH, Augsburg

Lernkontrolle 12A

Rechnen bis 20; gemischt, ohne Zehnerübergang

---

*

12 + 6 = __	11 + __ = 18	16 − __ = 16
19 − __ = 17	20 − 7 = __	19 − 5 = __
13 + __ = 14	16 − __ = 10	17 − __ = 14
20 − 5 = __	15 + __ = 17	14 + __ = 18
14 + 4 = __	10 + 4 = __	13 − 1 = __

15 + 3 = __	14 − 4 = __
11 + 2 = __	18 − __ = 13
20 − __ = 13	12 + __ = 17
13 − __ = 12	13 + 6 = __
17 + 3 = __	15 − __ = 15

**

__ = 12 + 7	__ = 20 − 9	16 = 20 − __
__ = 10 + 8	__ = 15 − 5	14 = 12 + __
__ = 17 − 6	19 = __ + 4	20 = 18 + __
__ = 16 + 4	__ = 18 − 3	13 = 20 − __
__ = 13 + 5	__ = 16 − 5	18 = 12 + __

*** *Spiegele das Muster.*

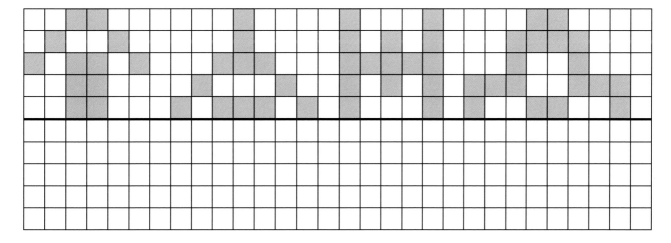

Lernkontrolle 12B

Rechnen bis 20; gemischt, ohne Zehnerübergang

----

*

11 + 5 = __	15 + __ = 19	17 – __ = 17
18 – __ = 14	20 – 4 = __	19 – 6 = __
12 + __ = 15	14 – __ = 10	18 – __ = 12
20 – 7 = __	16 + __ = 18	13 + __ = 16
13 + 3 = __	10 + 5 = __	12 – 1 = __

14 + 4 = __	17 – 7 = __	
11 + 8 = __	16 – __ = 12	
20 – __ = 14	11 + __ = 18	
14 – __ = 12	15 – 4 = __	
16 + 4 = __	16 – __ = 16	

**

__ = 11 + 6	__ = 20 – 6	17 = 20 – __
__ = 10 + 7	__ = 16 – 6	13 = 11 + __
__ = 18 – 5	18 = __ + 2	20 = 16 + __
__ = 15 + 5	__ = 17 – 4	11 = 20 – __
__ = 14 + 2	__ = 15 – 2	19 = 10 + __

***   *Spiegele das Muster.*

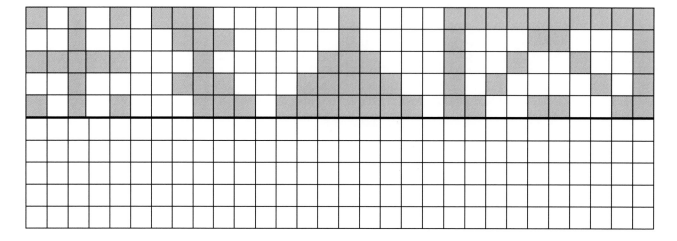

    Christine Bircher: Mathe Lernkontrollen 1 © Brigg Pädagogik Verlag GmbH, Augsburg

Lernkontrolle 13A

Verdoppeln, Halbieren

---

*

Halbiere die Figuren mit einem Strich.

   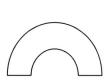  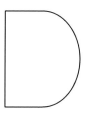

** *Schreibe das Doppelte.*

1	4	2	7	5	10	8	6	3	9
			14						

Schreibe die Hälfte.

10	14	12	16	20	8	18	6	4	2
				10					

*** *Spiegele die Punkte und zähle sie zusammen.*

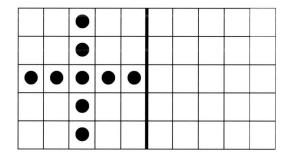 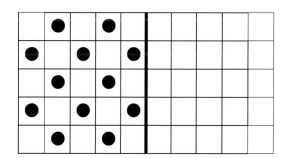

_____ + _____ = _____   _____ + _____ = _____

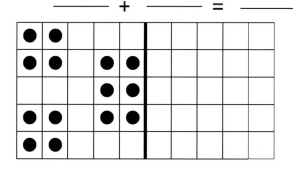 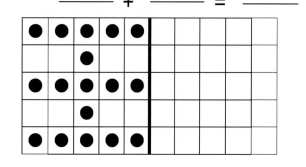

_____ + _____ = _____   _____ + _____ = _____

   Christine Bircher: Mathe Lernkontrollen 1 © Brigg Pädagogik Verlag GmbH, Augsburg

Lernkontrolle 13B

Verdoppeln, Halbieren

---

*

Halbiere die Figuren mit einem Strich.

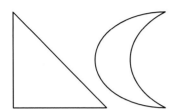   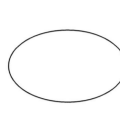

**

Schreibe das Doppelte.

4	7	1	9	5	2	6	8	10	3
			18						

Schreibe die Hälfte.

8	4	12	20	18	2	14	16	10	6
				9					

*** *Spiegele die Punkte und zähle sie zusammen.*

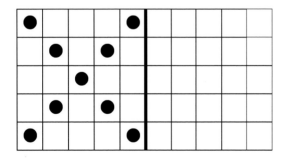   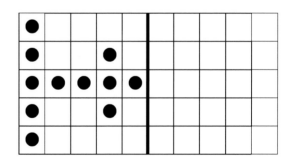

___ + ___ = ___   ___ + ___ = ___

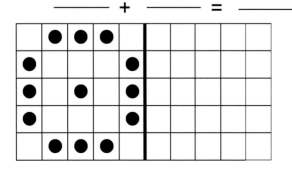   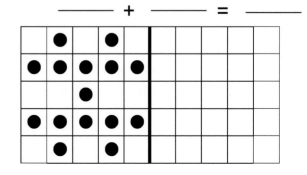

___ + ___ = ___   ___ + ___ = ___

Lernkontrolle 14A

Zehnerübergang: Zerlegen, Addition, Ergänzen

*

12 = 5 + __	5 + 9 = __	4 + 10 = __
14 = 8 + __	3 + 8 = __	7 + 8 = __
17 = 9 + __	5 + 8 = __	4 + 9 = __
11 = 7 + __	6 + 10 = __	7 + 4 = __
15 = 6 + __	7 + 7 = __	6 + 7 = __

8 + __ = 14	6 + __ = 13
7 + __ = 12	4 + __ = 12
5 + __ = 15	8 + __ = 18
8 + __ = 17	2 + __ = 11
9 + __ = 18	5 + __ = 13

**

12 = __ + 8	__ = 6 + 5	13 = 8 + __
18 = __ + 9	__ = 5 + 7	15 = 7 + __
11 = __ + 5	__ = 7 + 9	16 = 9 + __
12 = __ + 3	__ = 6 + 6	14 = 4 + __
15 = __ + 8	__ = 3 + 10	17 = 8 + __

*** *Die Summe der Zahlen ist jeweils an den drei Seiten gleich.*

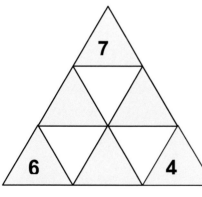

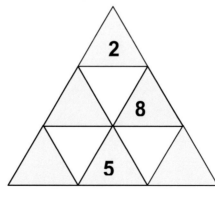

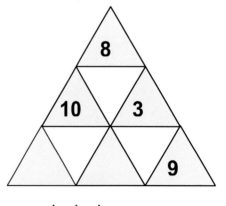

Christine Bircher: Mathe Lernkontrollen 1 © Brigg Pädagogik Verlag GmbH, Augsburg

Lernkontrolle 14B

Zehnerübergang: Zerlegen, Addition, Ergänzen

---

*

11 = 7 + __

15 = 6 + __

14 = 8 + __

13 = 5 + __

16 = 6 + __

4 + 8 = __

6 + 7 = __

3 + 9 = __

9 + 10 = __

8 + 6 = __

7 + 10 = __

5 + 7 = __

2 + 9 = __

8 + 3 = __

9 + 7 = __

7 + __ = 13

6 + __ = 11

9 + __ = 15

4 + __ = 12

8 + __ = 16

3 + __ = 13

5 + __ = 12

9 + __ = 15

3 + __ = 11

8 + __ = 14

**

13 = __ + 7

19 = __ + 9

15 = __ + 8

16 = __ + 7

14 = __ + 6

__ = 7 + 6

__ = 3 + 8

__ = 8 + 6

__ = 9 + 9

__ = 2 + 10

13 = 6 + __

11 = 5 + __

12 = 8 + __

15 = 10 + __

18 = 8 + __

*** *Die Summe der Zahlen ist jeweils an den drei Seiten gleich.*

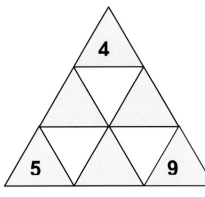

△△△ = 15

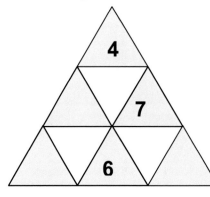

△△△ = 18

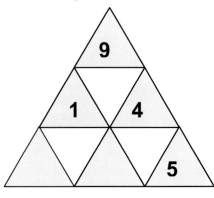

△△△ = __

Christine Bircher: Mathe Lernkontrollen 1 © Brigg Pädagogik Verlag GmbH, Augsburg

Lernkontrolle 15A

Zehnerübergang: Subtraktion, Vermindern

---

*

16 – 7 = __	17 – 9 = __	14 – 10 = __
13 – 5 = __	12 – 8 = __	16 – 8 = __
11 – 3 = __	14 – 8 = __	18 – 9 = __
12 – 4 = __	19 – 10 = __	11 – 4 = __
14 – 5 = __	15 – 7 = __	17 – 10 = __

18 – __ = 9	12 – __ = 3
17 – __ = 8	14 – __ = 7
15 – __ = 6	11 – __ = 8
18 – __ = 8	12 – __ = 4
19 – __ = 10	15 – __ = 8

**

__ = 12 – 5	8 = 12 – __	6 = __ – 5
__ = 15 – 9	6 = 15 – __	8 = __ – 9
__ = 17 – 8	7 = 14 – __	9 = __ – 8
__ = 16 – 10	9 = 19 – __	8 = __ – 3
__ = 13 – 7	5 = 13 – __	7 = __ – 7

***   *Setze die passenden Zahlen und Zeichen ein.*

11 – 2 __ 12 – 4	16 – 10 __ 17 – 9	12 – 3 = 14 – __
13 – 4 __ 15 – 6	12 – 5 __ 13 – 4	14 – 8 = __ – 5
12 – 6 __ 14 – 7	13 – 8 __ 12 – 7	16 – __ = 13 – 7
14 – 6 __ 18 – 9	15 – 7 __ 15 – 9	__ – 6 = 16 – 8
15 – 8 __ 16 – 10	16 – 8 __ 17 – 8	13 – 6 = __ – 3

   Christine Bircher: Mathe Lernkontrollen 1 © Brigg Pädagogik Verlag GmbH, Augsburg

Lernkontrolle 15B

Zehnerübergang: Subtraktion, Vermindern

*

14 − 5 = __   13 − 9 = __   15 − 7 = __

13 − 7 = __   17 − 9 = __   11 − 5 = __

15 − 6 = __   12 − 4 = __   16 − 8 = __

11 − 2 = __   14 − 8 = __   13 − 6 = __

16 −10 = __   19 −10 = __   18 − 9 = __

12 − __ = 7   16 − __ = 9

16 − __ = 9   11 − __ = 8

13 − __ = 5   14 − __ = 5

17 − __ = 8   19 − __ = 9

15 − __ = 5   12 − __ = 4

**

__ =14 − 6   8 =17 − __   7 = __ − 4

__ =16 − 7   5 =11 − __   8 = __ − 8

__ =13 − 5   9 =15 − __   5 = __ −10

__ =15 − 9   6 =12 − __   9 = __ − 5

__ =12 − 8   4 =11 − __   6 = __ − 9

***   *Setze die passenden Zahlen und Zeichen ein.*

19 −10 __ 11 − 4   15 − 8 __ 17 − 9   12 − 3 =11 − __

17 − 8 __ 16 − 7   11 − 5 __ 13 − 7   14 − 6 = __ − 7

11 − 5 __ 15 − 8   12 − 4 __ 12 − 5   15 − __ =11 − 2

16 − 7 __ 18 − 9   14 − 8 __ 15 − 9   __ − 8 =13 − 4

13 − 6 __ 16 − 8   13 − 8 __ 17 − 9   13 − 5 = __ − 3

Christine Bircher: Mathe Lernkontrollen 1 © Brigg Pädagogik Verlag GmbH, Augsburg

Lernkontrolle 16A

Wiederholung 1. Schuljahr; Zahlenraum bis 20

---

*

5 + 4 = __	15 − 8 = __	13 − __ = 5
10 − 3 = __	9 + 7 = __	4 + 8 = __
6 − __ = 1	17 − __ = 7	15 − __ = 8
2 + __ = 9	12 − __ = 5	8 + __ = 14
4 + __ = 12	7 + 7 = __	16 − __ = 7

9 + 3 = __	7 + __ = 11	
16 − __ = 8	10 − 6 = __	
11 + 9 = __	7 + 5 = __	
14 − __ = 6	9 + 8 = __	
10 − __ = 4	15 − __ = 5	

 (Hase auf Fahrrad)

**

> = <

__ = 9 + 4	__ − 10 = 9	11 − 4 __ 6
__ = 12 − 6	__ + 3 = 12	5 + 10 __ 14
__ = 4 + 5	__ + 8 = 11	13 − 8 __ 5
__ = 13 − 3	__ − 5 = 13	20 − 9 __ 12
__ = 15 − 10	__ − 1 = 1	2 + 11 __ 14

***

	+ 2		− 5		+ 3	**12**	− 4		+ 9			
	− 4		+ 4		+ 7		− 2		+ 3	**21**		
	− 5	**16**	− 8		+		+ 5		+ 7	**23**		
12	−		+ 6		+ 7		+ 4	**22**	− 4			

Lernkontrolle 16B

Wiederholung 1. Schuljahr; Zahlenraum bis 20

---

*

2 + 6 = __	16 − 9 = __	14 − __ = 6
10 − 6 = __	6 + 9 = __	3 + 9 = __
7 − __ = 3	14 − __ = 4	13 − __ = 7
4 + __ = 11	11 − __ = 6	7 + __ = 15
6 + __ = 13	8 + 8 = __	15 − __ = 9

6 + 8 = __	6 + __ = 14	
12 − __ = 8	10 − 8 = __	
10 + 8 = __	8 + 5 = __	
13 − __ = 8	9 + 6 = __	
10 − __ = 4	12 − __ = 2	

**

		> = <
__ = 8 + 6	__ − 10 = 3	12 − 5 __ 6
__ = 14 − 8	__ + 4 = 11	6 + 10 __ 16
__ = 3 + 4	__ + 7 = 12	15 − 8 __ 6
__ = 17 − 7	__ − 6 = 13	20 − 8 __ 13
__ = 19 − 10	__ − 2 = 2	4 + 11 __ 16

***

	+ 3		− 6		+ 4	**15**	− 7		+ 8	
	− 9		+ 5		+ 8		− 1		+ 3	**22**
	− 4	**17**	− 9		+		+ 5		+ 7	**24**
16	−		+ 3		+ 8		+ 3	**25**	− 6	

Christine Bircher: Mathe Lernkontrollen 1 © Brigg Pädagogik Verlag GmbH, Augsburg

Lernkontrolle 17A

Wiederholung 1. Schuljahr; erweiterter Zahlenraum

---

*

9 + 8 = __	100 − 60 = __	16 − __ = 7
40 − 5 = __	8 + 7 = __	40 + 30 = __
9 − __ = 2	14 − __ = 4	17 − __ = 9
4 + __ = 7	11 − __ = 4	8 + __ = 12
5 + __ = 12	90 + 5 = __	12 − __ = 6

60 + 5 = __	5 + __ = 11
15 − __ = 7	45 − 5 = __
80 − 5 = __	50 + 5 = __
12 − __ = 3	70 + 20 = __
18 − __ = 8	14 − __ = 5

**

		> = <
__ = 7 + 7	__ − 10 = 3	11 − 7 __ 5
__ = 11 − 2	__ + 5 = 14	100 − 30 __ 75
__ = 7 + 5	__ + 4 = 12	11 − 8 __ 2
__ = 35 − 5	__ − 50 = 20	19 − 9 __ 11
__ = 60 − 20	__ − 5 = 40	20 + 5 __ 25

***

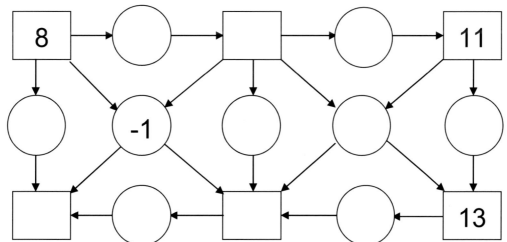

 Christine Bircher: Mathe Lernkontrollen 1 © Brigg Pädagogik Verlag GmbH, Augsburg

Lernkontrolle 17B

----

*

5 + 7 = __	100 – 70 = __	14 – __ = 8
85 – 5 = __	9 + 6 = __	20 + 60 = __
7 – __ = 1	13 – __ = 3	16 – __ = 7
3 + __ = 8	12 – __ = 6	5 + __ = 11
6 + __ = 14	70 + 5 = __	13 – __ = 8

50 + 5 = __	3 + __ = 12	
11 – __ = 8	45 – 5 = __	
30 – 5 = __	60 + 5 = __	
15 – __ = 8	40 + 50 = __	
17 – __ = 7	12 – __ = 4	

**   > = <

__ = 9 + 9	__ – 10 = 4	17 – 10 __ 7
__ = 14 – 6	__ + 4 = 13	100 – 40 __ 65
__ = 8 + 6	__ + 5 = 11	13 + 9 __ 21
__ = 95 – 5	__ – 30 = 30	16 – 6 __ 11
__ = 70 – 30	__ – 5 = 50	30 + 5 __ 35

***

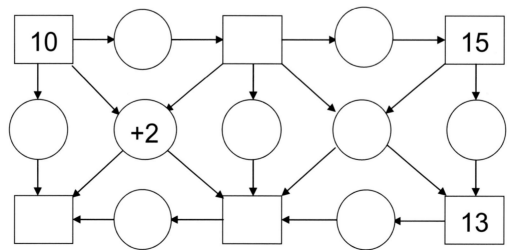

Christine Bircher: Mathe Lernkontrollen 1 © Brigg Pädagogik Verlag GmbH, Augsburg

Lernkontrolle 18A

Im Hallenbad (Textaufgaben)

---

*

Benny schwimmt 8 Bahnen. Jetzt schwimmt er noch 5 Bahnen.
Wie viele Bahnen sind es insgesamt?

Rechnung: _____

Antwort: _____

Jasmin und Silvio kaufen am Kiosk 12 saure Zungen.
Sie verschenken 5 Stück an ihre Freundinnen und Freunde.
Wie viele bleiben übrig?

Rechnung: _____

Antwort: _____

**

Tarik und Nora stehen an der Kasse. Der Eintritt kostet für jedes
Kind 4 Euro. Die Mutter hat ihnen 12 Euro mitgegeben. Wie viel
Geld darf jedes Kind noch ausgeben?

Rechnung: _____

Antwort: _____

Beim Sprungturm stehen 15 Kinder. 9 davon sind Mädchen.
Wie viele Jungen stehen dort?

Rechnung: _____

Antwort: _____

***

Die 1. Klasse trifft sich nach dem Schwimmen vor dem Hallenbad.
6 Mädchen und 9 Jungen sind schon da.
In der 1. Klasse sind 21 Kinder.
Wie viele fehlen noch?

Rechnung: _____

Antwort: _____

Christine Bircher: Mathe Lernkontrollen 1 © Brigg Pädagogik Verlag GmbH, Augsburg

Lernkontrolle 18B

Im Hallenbad (Textaufgaben)

----

*

Benny schwimmt 7 Bahnen. Jetzt schwimmt er noch 8 Bahnen.
Wie viele Bahnen sind es insgesamt?

Rechnung: _____

Antwort: _____

Jasmin und Silvio kaufen am Kiosk 14 saure Zungen.
Sie verschenken 8 Stück an ihre Freundinnen und Freunde.
Wie viele bleiben übrig?

Rechnung: _____

Antwort: _____

**

Tarik und Nora stehen an der Kasse. Der Eintritt kostet für jedes
Kind 3 Euro. Die Mutter hat ihnen 10 Euro mitgegeben. Wie viel
Geld darf jedes Kind noch ausgeben?

Rechnung: _____

Antwort: _____

Beim Sprungturm stehen 15 Kinder. 7 davon sind Jungen.
Wie viele Mädchen stehen dort?

Rechnung: _____

Antwort: _____

***

Die 1. Klasse trifft sich nach dem Schwimmen vor dem Hallenbad.
8 Mädchen und 9 Jungen sind schon da.
In der 1. Klasse sind 22 Kinder.
Wie viele fehlen noch?

Rechnung: _____

Antwort: _____

Christine Bircher: Mathe Lernkontrollen 1 © Brigg Pädagogik Verlag GmbH, Augsburg

Lernkontrolle 1A

Zahlenraum 0 bis 5

*

Zeichne dazu oder streiche weg.

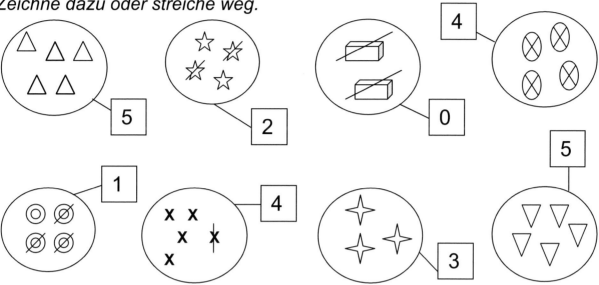

** Zeichne die Würfelpunkte von 1 bis 6 richtig ein.

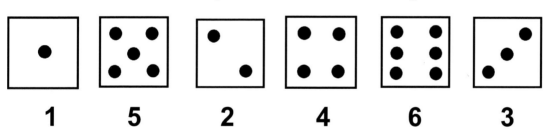

1   **5**   **2**   **4**   **6**   **3**

4 < **5, 6, ...**   2 < **3, 4, ...**   **7, 8, ...** > 6   0 < **1, 2, ...** > ..., ...

1 > **0**   5 < **6, 7, ...**   **0, 1** < 2   3 > **2, 1, 0** > ..., ...

*** Ergänze die Muster mit verschiedenen Farben.

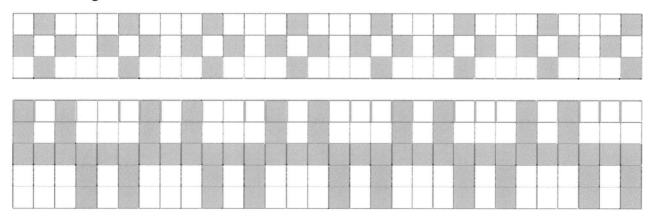

   Christine Bircher: Mathe Lernkontrollen 1 © Brigg Pädagogik Verlag GmbH, Augsburg

Lernkontrolle 1B

Zahlenraum 0 bis 5

---

*

Zeichne dazu oder streiche weg.

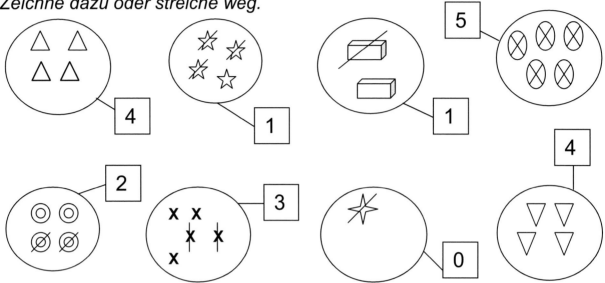

** *Zeichne die Würfelpunkte von 1 bis 6 richtig ein.*

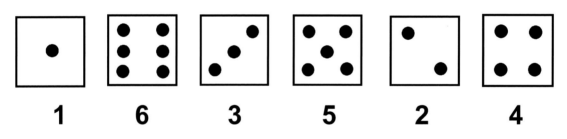

| 1 | 6 | 3 | 5 | 2 | 4 |

3 < **4, 5, ...**   1 < **2, 3, ...**   **5, 6, ...** > 4   2 < **3, 4, ...** > **..., ...**

4 > **3, 2, ...**   2 < **3, 4, ...**   **0** < 1   4 > **3, 2, ...** > **..., ...**

*** *Ergänze die Muster mit verschiedenen Farben.*

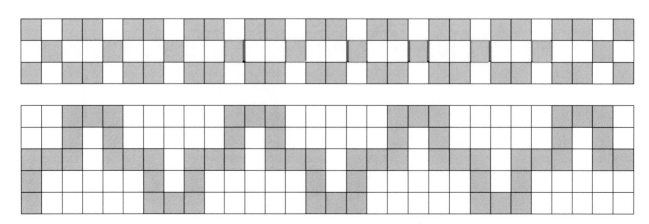

Christine Bircher: Mathe Lernkontrollen 1 © Brigg Pädagogik Verlag GmbH, Augsburg

Lernkontrolle 2A

Zahlenraum 0 bis 10

*

Ordne die Zahlen der Größe nach. Beginne mit der kleinsten.

7	2	4	8	0	10
0	**2**	**4**	**7**	**8**	**10**

6	9	1	3	5	7
1	**3**	**5**	**6**	**7**	**9**

Zeichne dazu oder streiche weg.

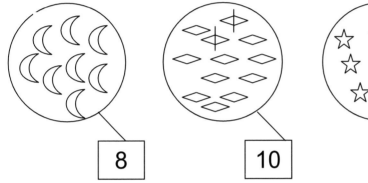
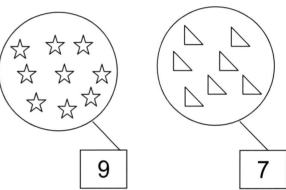

8	10	9	7

**   größer als, gleich, kleiner als (> = <)

7 < **8, 9, …**	**3, 4, …** > 2	8 + 1 **<** 10	2 + 6 **<** 9
3 < **4, 5, …**	**0** < 1	4 + 2 **>** 5	0 + 4 **=** 4
9 < **10, 11, …**	**6** = 6	5 + 4 **=** 9	3 + 3 **<** 8
10 > **9, 8, …**	**4, 5, …** > 3	3 + 2 **<** 6	5 + 3 **>** 7

***   *Jede Figur besteht aus 9 Kästchen. Male verschiedene Formen.*

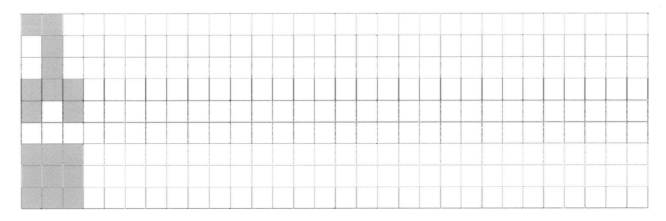

Lernkontrolle 2B

Zahlenraum 0 bis 10

---

*

Ordne die Zahlen der Größe nach. Beginne mit der kleinsten.

6	3	5	9	10	1

1	**3**	**5**	**6**	**9**	**10**

8	7	0	2	4	5

0	**2**	**4**	**5**	**7**	**8**

Zeichne dazu oder streiche weg.

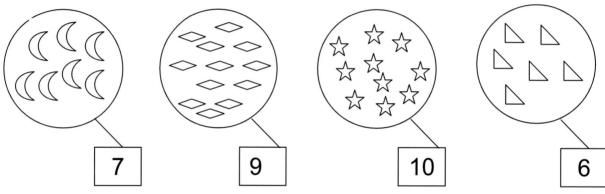

7	9	10	6

**   größer als, gleich, kleiner als (> = <)

8 < **9, 10, …**	**4, 5, …** > 3	9 + 1 **=** 10	1 + 7 **>** 7
4 < **5, 6, …**	**0, 1,** < 2	2 + 4 **>** 5	5 + 0 **=** 5
7 < **8, 9, …**	**5** = 5	3 + 2 **<** 6	4 + 3 **>** 6
9 > **8, 7, …**	**7, 8, …** > 6	4 + 3 **=** 7	2 + 2 **<** 6

***   *Jede Figur besteht aus 9 Kästchen. Male verschiedene Formen.*

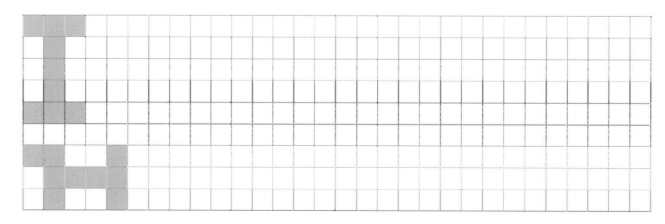

Lernkontrolle 3A

Zerlegen im Zahlenraum bis 10

*

Ergänze immer auf die Zahl im obersten Feld.

8	
5	**3**
6	2
0	**8**
2	6
3	**5**
1	7
4	4

6	
1	**5**
3	3
1	5
6	**0**
2	4
0	**6**
4	2

7	
3	**4**
2	5
6	1
3	4
2	**5**
6	**1**
7	0

**

6 = 2 + **4**
10 = 4 + **6**
4 = 1 + **3**
9 = 5 + **4**
10 = 1 + **9**
8 = 5 + **3**

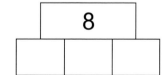

8 = 3 + **5**
2 = 0 + **2**
10 = 5 + **5**
9 = 2 + **7**
5 = 1 + **4**
9 = 6 + **3**

■

1 = 1 + **0**
10 = 2 + **8**
4 = 3 + **1**
10 = 7 + **3**
9 = 3 + **6**
7 = 4 + **3**

***

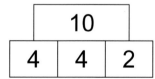

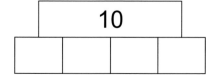

Lernkontrolle 3B

Zerlegen im Zahlenraum bis 10

*

Ergänze immer auf die Zahl im obersten Feld.

9	
4	**5**
1	8
3	**6**
2	7
5	**4**
3	6
0	**9**

7	
6	**1**
5	2
4	3
0	**7**
3	4
1	**6**
2	5

8	
3	**5**
2	6
7	1
4	4
2	**6**
5	**3**
8	0

**

6 = 3 +	**3**	
8 = 1 +	**7**	
5 = 2 +	**3**	
10 = 4 +	**6**	
1 = 1 +	**0**	
7 = 6 +	**1**	

8 = 2 +	**6**	
6 = 3 +	**3**	
2 = 0 +	**2**	
4 = 1 +	**3**	
9 = 7 +	**2**	
10 = 6 +	**4**	

1 = 0 +	**1**	
5 = 1 +	**4**	
7 = 5 +	**2**	
9 = 6 +	**3**	
10 = 3 +	**7**	
6 = 4 +	**2**	

***

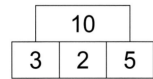

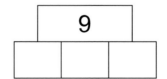

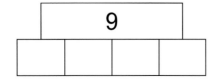

Lernkontrolle 4A

Addition im Zahlenraum bis 10

*

4 + 2 = **6**	3 + 3 = **6**	1 + 6 = **7**
6 + 1 = **7**	7 + 3 = **10**	2 + 2 = **4**
4 + 4 = **8**	6 + 2 = **8**	5 + 2 = **7**
10 + 0 = **10**	8 + 1 = **9**	4 + 6 = **10**
5 + 4 = **9**	0 + 7 = **7**	3 + 4 = **7**

6 + 3 = **9**	4 + 3 = **7**
1 + 5 = **6**	8 + 2 = **10**
3 + 5 = **8**	7 + 0 = **7**
2 + 7 = **9**	6 + 4 = **10**
0 + 4 = **4**	3 + 7 = **10**

**

3 + 0 + 2 + 3 + 1 = **9**

5 + 2 + 2 + 0 + 1 = **10**

1 + 4 + 1 + 0 + 2 = **8**

2 + 4 + 0 + 3 + 1 = **10**

> = <

5 + 2 + 2 **<** 10

3 + 6 + 1 **=** 10

2 + 2 + 2 **<** 8

4 + 5 + 1 **>** 9

***

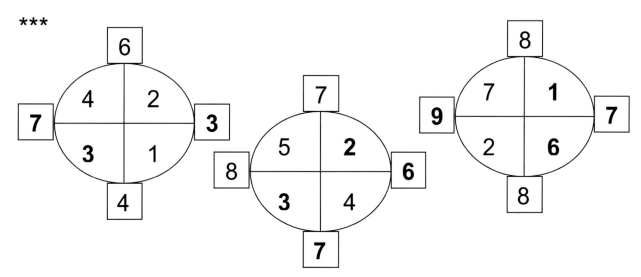

Lernkontrolle 4B

Addition im Zahlenraum bis 10

*

5 + 3 = **8**	4 + 5 = **9**	0 + 5 = **5**
8 + 0 = **8**	3 + 6 = **9**	3 + 4 = **7**
2 + 5 = **7**	9 + 1 = **10**	5 + 5 = **10**
1 + 6 = **7**	6 + 2 = **8**	2 + 1 = **3**
7 + 2 = **9**	10 + 0 = **10**	3 + 3 = **6**

4 + 4 = **8**	5 + 4 = **9**
6 + 4 = **10**	3 + 5 = **8**
1 + 8 = **9**	7 + 0 = **7**
0 + 6 = **6**	8 + 2 = **10**
2 + 2 = **4**	4 + 2 = **6**

**

                                                  > = <

4 + 2 + 2 + 1 + 1 = **10**	6 + 2 + 2 **=** 10
2 + 1 + 4 + 0 + 2 = **9**	2 + 5 + 2 **<** 10
3 + 5 + 0 + 1 + 1 = **10**	5 + 4 + 1 **>** 8
1 + 0 + 2 + 3 + 2 = **8**	3 + 2 + 2 **<** 9

***

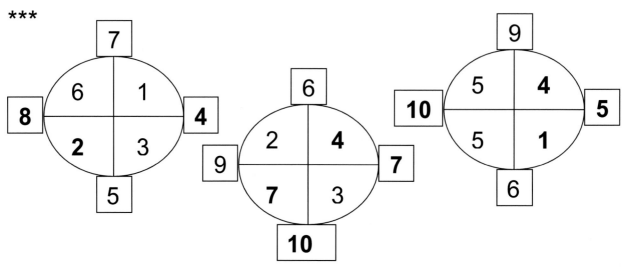

         Christine Bircher: Mathe Lernkontrollen 1 © Brigg Pädagogik Verlag GmbH, Augsburg

Lernkontrolle 5A

Subtraktion im Zahlenraum bis 10

*

10 – 2 = **8**	4 – 2 = **2**	10 – 8 = **2**
8 – 3 = **5**	5 – 0 = **5**	6 – 5 = **1**
6 – 2 = **4**	10 – 5 = **5**	8 – 4 = **4**
9 – 5 = **4**	2 – 1 = **1**	9 – 1 = **8**
7 – 7 = **0**	7 – 5 = **2**	4 – 1 = **3**

8 – 7 = **1**	10 – 3 = **7**
7 – 2 = **5**	4 – 3 = **1**
9 – 6 = **3**	8 – 5 = **3**
6 – 3 = **3**	2 – 0 = **2**
5 – 3 = **2**	3 – 2 = **1**

**

> = <

9 – 2 – 2 – 1 – 1 = **3**	8 – 4 – 2 **<** 3
10 – 6 – 1 – 0 – 1 = **2**	10 – 6 – 1 **>** 2
7 – 4 – 1 – 0 – 2 = **0**	9 – 3 – 2 **=** 4
10 – 3 – 3 – 3 – 0 = **1**	10 – 5 – 3 **>** 1
8 – 4 – 0 – 1 – 1 = **2**	9 – 2 – 2 **<** 6

*** Zwei Bausteine zusammengezählt, ergeben den oberen Baustein.

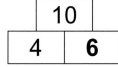
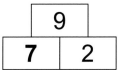
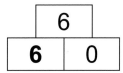
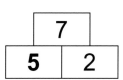

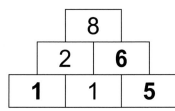
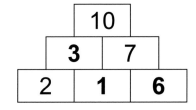
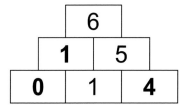

Lernkontrolle 5B

Subtraktion im Zahlenraum bis 10

*

$9 - 3 = 6$ $5 - 5 = 0$ $8 - 7 = 1$

$7 - 4 = 3$ $6 - 3 = 3$ $4 - 1 = 3$

$5 - 1 = 4$ $2 - 1 = 1$ $10 - 5 = 5$

$8 - 2 = 6$ $10 - 7 = 3$ $7 - 7 = 0$

$4 - 3 = 1$ $1 - 0 = 1$ $3 - 2 = 1$

$7 - 5 = 2$ $8 - 4 = 4$

$10 - 2 = 8$ $6 - 4 = 2$

$6 - 5 = 1$ $3 - 1 = 2$

$9 - 4 = 5$ $4 - 2 = 2$

$5 - 2 = 3$ $7 - 0 = 7$

**

$10 - 4 - 3 - 0 - 1 = 2$

$8 - 2 - 2 - 2 - 2 = 0$

$10 - 3 - 3 - 1 - 2 = 1$

$9 - 2 - 0 - 3 - 1 = 3$

$9 - 5 - 2 - 0 - 1 = 1$

> = <

$9 - 5 - 2$ **<** 3

$8 - 6 - 1$ **>** 0

$9 - 3 - 2$ **<** 6

$10 - 4 - 4$ **=** 2

$10 - 2 - 3$ **>** 4

*** Zwei Bausteine zusammengezählt, ergeben den oberen Baustein.

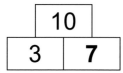
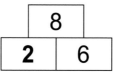
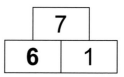
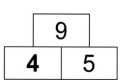

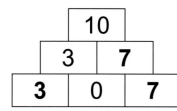
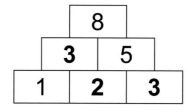
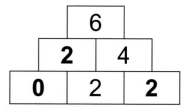

Lernkontrolle 6A

Ergänzen, Vermindern, Zerlegen bis 10

---

*

$4 + $ **5** $= 9$ $10 - $ **9** $= 1$ $10 - $ **3** $= 7$

$7 + $ **3** $= 10$ $8 - $ **2** $= 6$ $7 - $ **3** $= 4$

$2 + $ **5** $= 7$ $9 - $ **7** $= 2$ $8 + $ **2** $= 10$

$5 + $ **0** $= 5$ $3 - $ **3** $= 0$ $0 + $ **5** $= 5$

$1 + $ **7** $= 8$ $6 - $ **1** $= 5$ $5 - $ **2** $= 3$

$6 + $ **4** $= 10$ $2 + $ **7** $= 9$

$9 + $ **0** $= 9$ $1 - $ **1** $= 0$

$2 - $ **1** $= 1$ $4 + $ **2** $= 6$

$3 + $ **4** $= 7$ $8 - $ **4** $= 4$

$4 - $ **2** $= 2$ $9 - $ **4** $= 5$

**

$9 = $ $7 + $ **2** $10 = $ $7 + 3$ $2 + $ **2** $+ 4 = 8$

$4 = $ $10 - $ **6** $0 = $ **4** $- 4$ $3 + $ **5** $+ 1 = 9$

$10 = $ $5 + $ **5** $7 = $ **6** $+ 1$ $10 - $ **5** $- 2 = 3$

$8 = $ $9 - $ **1** $3 = $ **6** $- 3$ $2 + $ **4** $+ 0 = 6$

$6 = $ $2 + $ **4** $9 = $ **4** $+ 5$ $9 - $ **1** $- 4 = 4$

***   *Setze die passenden Zeichen ein (+ − =). Diverse Möglichkeiten!*

4	+	3	=	7
2		2		0
7		6		1
4		4		8

10		5		5
7		2		9
3		7		10
4		5		9

6		2		4
5		7		2
3		8		5
0		7		7

   Christine Bircher: Mathe Lernkontrollen 1 © Brigg Pädagogik Verlag GmbH, Augsburg

Lernkontrolle 6B

Ergänzen, Vermindern, Zerlegen bis 10

---

*

2 + **4** = 6	9 − **6** = 3	8 − **2** = 6
8 + **2** = 10	10 − **5** = 5	5 − **2** = 3
1 + **4** = 5	7 − **6** = 1	3 + **7** = 10
6 + **3** = 9	4 − **4** = 0	2 + **2** = 4
8 + **0** = 8	2 − **1** = 1	6 − **3** = 3

5 + **3** = 8	7 + **0** = 7
1 + **9** = 10	5 − **1** = 4
3 − **3** = 0	3 + **3** = 6
5 + **4** = 9	1 − **1** = 0
6 − **5** = 1	8 − **6** = 2

**

5 = 2 + **3**	10 = **5** + 5	5 + **2** + 2 = 9
3 = 10 − **7**	8 = **4** + 4	2 + **3** + 3 = 8
10 = 1 + **9**	5 = **4** + 1	10 − **2** − 6 = 2
7 = 7 − **0**	9 = **6** + 3	2 + **3** + 0 = 5
8 = 3 + **5**	6 = **1** + 5	9 − **3** − 3 = 3

*** *Setze die passenden Zeichen ein (+ − =). **Diverse Möglichkeiten!***

2	+	6	=	8
3		3		0
8		2		6
5		2		7

8		4		4
1		6		7
4		5		9
2		3		5

6		2		4
3		8		5
3		9		6
0		8		8

Christine Bircher: Mathe Lernkontrollen 1 © Brigg Pädagogik Verlag GmbH, Augsburg

Lernkontrolle 7A

Rechnen bis 10; gemischt

---

*

4 + 5 = **9**	5 + **4** = 9	4 − **0** = 4
8 − **5** = 3	10 − 8 = **2**	7 − 4 = **3**
1 + **7** = 8	4 − **4** = 0	5 − **4** = 1
9 − 4 = **5**	2 + **4** = 6	6 + **3** = 9
7 + 2 = **9**	0 + 7 = **7**	3 − 1 = **2**

9 + 1 = **10**	8 − 7 = **1**	
0 + 9 = **9**	10 − **7** = 3	
8 − **4** = 4	4 + **2** = 6	
4 − **3** = 1	7 − 5 = **2**	
1 + 3 = **4**	9 − **4** = 5	

**

9 = 4 + 5	**5** = 10 − 5	9 = 10 − **1**
4 = 2 + 2	**0** = 3 − 3	7 = **1** + 6
3 = 8 − 5	6 = **3** + 3	10 = 5 + **5**
7 = 6 + 1	**8** = 9 − 1	1 = **10** − 9
10 = 3 + 7	**6** = 10 − 4	4 = 0 + **4**

***   *Setze die passenden Zahlen und Zeichen ein.*

5 + 2 **=** 3 + 4	**3** + 4 = 2 + 5	7 + 3 = **5** + 5
9 − 2 **>** 10 − 4	5 + 3 **=** 7 + 1	9 − **3** = 4 + 2
4 + 6 = **7** + 3	10 − 6 **<** 0 + 6	6 + 1 = 9 − **2**
9 − 3 = 2 + 4	4 + **5** = 10 − 1	**4** + 5 = 2 + 7
6 + 3 **>** 4 + 4	9 − 4 = **2** + 3	9 − 8 = **7** − 6
7 − 4 **=** 6 − 3	2 + 2 **>** 10 − 8	9 + **0** = 4 + 5

17   Christine Bircher: Mathe Lernkontrollen 1 © Brigg Pädagogik Verlag GmbH, Augsburg

Lernkontrolle 7B

Rechnen bis 10; gemischt

---

*

$2 + 6 = \mathbf{8}$ $4 + \mathbf{4} = 8$ $6 - \mathbf{0} = 6$

$7 - \mathbf{3} = 4$ $9 - 7 = \mathbf{2}$ $8 - 4 = \mathbf{4}$

$0 + \mathbf{5} = 5$ $6 - \mathbf{5} = 1$ $7 - \mathbf{4} = 3$

$10 - 3 = \mathbf{7}$ $2 + \mathbf{5} = 7$ $8 + \mathbf{2} = 10$

$8 + 2 = \mathbf{10}$ $1 + 5 = \mathbf{6}$ $2 - 0 = \mathbf{2}$

$7 + 2 = \mathbf{9}$ $9 - 8 = \mathbf{1}$

$1 + 9 = \mathbf{10}$ $10 - \mathbf{6} = 4$

$6 - \mathbf{3} = 3$ $5 + \mathbf{3} = 8$

$5 - \mathbf{0} = 5$ $8 - 2 = \mathbf{6}$

$0 + 8 = \mathbf{8}$ $7 - \mathbf{2} = 5$

**

$\mathbf{9} = 3 + 6$ $\mathbf{6} = 10 - 4$ $8 = 10 - \mathbf{2}$

$\mathbf{8} = 4 + 4$ $\mathbf{0} = 7 - 7$ $6 = \mathbf{2} + 4$

$\mathbf{3} = 9 - 6$ $5 = \mathbf{3} + 2$ $10 = 2 + \mathbf{8}$

$\mathbf{5} = 3 + 2$ $5 = \mathbf{8} - 3$ $3 = \mathbf{10} - 7$

$\mathbf{8} = 5 + 3$ $5 = 10 - 5$ $5 = 0 + \mathbf{5}$

***   *Setze die passenden Zahlen und Zeichen ein.*

$5 + 4 \mathbf{>} 2 + 5$ $\mathbf{4} + 6 = 2 + 8$ $5 + 4 = \mathbf{2} + 7$

$9 - 2 \mathbf{>} 10 - 4$ $2 + 4 \mathbf{<} 8 - 1$ $10 - \mathbf{1} = 4 + 5$

$10 - 6 = \mathbf{1} + 3$ $9 - 6 \mathbf{>} 0 + 2$ $5 + 2 = 9 - \mathbf{2}$

$8 - \mathbf{2} = 5 + 1$ $5 + \mathbf{2} = 10 - 3$ $\mathbf{7} + 3 = 2 + 8$

$4 + 4 \mathbf{=} 2 + 6$ $10 - 8 = \mathbf{0} + 2$ $8 - 7 = \mathbf{7} - 6$

$8 - 4 \mathbf{>} 5 - 2$ $4 + 5 \mathbf{>} 10 - 2$ $7 - \mathbf{3} = 4 + 0$

Christine Bircher: Mathe Lernkontrollen 1 © Brigg Pädagogik Verlag GmbH, Augsburg

Lernkontrolle 8A

Orientierung im Zahlenraum bis 20

---

*

Nachbarzahlen

12 **13** 14   17 **18** 19   15 **16** 17   19 **20** 21

9 10 **11**   **10** 11 **12**   **18** 19 **20**   **14** 15 **16**

Zahlenfolgen

9 **10** 11 **12 13** 14   15 14 **13 12 11** 10

7 8 9 10 **11 12**   **20** 19 18 **17 16** 15

10 12 **14 16** 18 **20**   12 10 **8 6 4** 2

** *Ordne die Zahlen der Größe nach. Beginne mit der kleinsten.*

5	17	11	3	20	12
3	**5**	**11**	**12**	**17**	**20**

1	13	7	10	4	15
1	**4**	**7**	**10**	**13**	**15**

22	19	6	30	26	12
6	**12**	**19**	**22**	**26**	**30**

3	13	8	18	14	24
3	**8**	**13**	**14**	**18**	**24**

*** *Fülle die Felder richtig aus.*

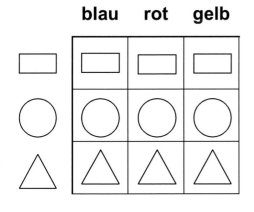

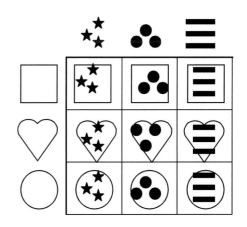

Orientierung im Zahlenraum bis 20

- -

*
Nachbarzahlen

10 **11** 12   18 **19** 20   19 **20** 21   13 **14** 15

12 13 **14**   **14** 15 **16**   **17** 18 **19**   **16** 17 **18**

Zahlenfolgen

11 **12** 13 **14** **15** 16   17 16 **15** **14** **13** 12

9 **10** 11 12 **13** **14**   **21** 20 19 **18** **17** **16**

12 14 **16** **18** 20 **22**   15 13 **11** **9** **7** 5

** *Ordne die Zahlen der Größe nach. Beginne mit der kleinsten.*

4	15	12	1	21	16

1	**4**	**12**	**15**	**16**	**21**

0	16	11	8	5	14

0	**5**	**8**	**11**	**14**	**16**

20	17	4	31	25	16

4	**16**	**17**	**20**	**25**	**31**

4	16	7	19	13	25

4	**7**	**13**	**16**	**19**	**25**

*** *Fülle die Felder richtig aus.*

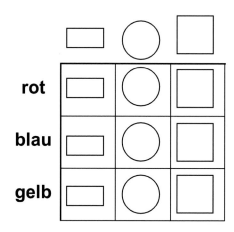

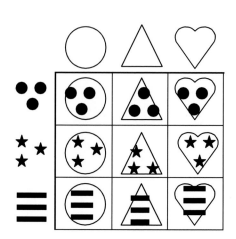

Christine Bircher: Mathe Lernkontrollen 1 © Brigg Pädagogik Verlag GmbH, Augsburg

Lernkontrolle 9A

Verwandte Zahlen und Rechnungen; Zahlenraumerweiterung bis 100

---

*

Verwandte Zahlen

1	2	3	4	**5**	6
11	**12**	**13**	**14**	15	**16**

9	**7**	**10**	8	**3**	**11**
19	17	20	**18**	13	21

Verbinde zuerst die verwandten Rechnungen.

$6 + 3 = 9$

$8 - 5 = 3$

$19 - 6 = 13$

$12 + 7 = 19$

$14 + 4 = 18$

$10 - 1 = 9$

$4 + 4 = 8$

$9 - 6 = 3$

$2 + 7 = 9$

$16 + 3 = 19$

$20 - 1 = 19$

$18 - 5 = 13$

** *Verwandte Rechnungen: Setze die Reihen fort.*

$2 + 7 = 9$ $8 - 3 = 5$ $95 + 2 = 97$

$12 + 7 = 19$ $18 - 3 = 15$ $85 + 2 = 87$

$22 + 7 = 29$ $28 - 3 = 25$ $75 + 2 = 77$

$32 + 7 = 39$ $38 - 3 = 35$ $65 + 2 = 67$

$42 + 7 = 49$ $48 - 3 = 45$ $55 + 2 = 57$

$52 + 7 = 59$ $58 - 3 = 55$ $45 + 2 = 47$

*** *Lege ein Hölzchen so um, dass die Rechnung wirklich 8 ergibt.*
Zeichne die Änderungen mit Farbe ein.

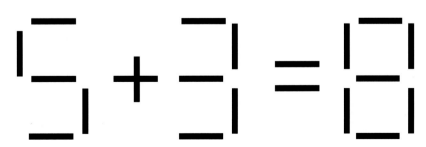

Lernkontrolle 9B

Verwandte Zahlen und Rechnungen; Zahlenraumerweiterung bis 100

---

*

Verwandte Zahlen

1	2	3	**4**	5	6
11	**12**	**13**	14	**15**	**16**

5	**6**	**2**	8	**4**	**10**
15	16	12	**18**	14	20

Verbinde zuerst die verwandten Rechnungen.

$7 + 2 = 9$ $3 + 3 = 6$

$9 - 4 = 5$ $5 - 3 = 2$

$15 - 3 = 12$ $1 + 6 = 7$

$11 + 6 = 17$ $17 + 2 = 19$

$13 + 3 = 16$ $20 - 4 = 16$

$10 - 4 = 6$ $19 - 4 = 15$

**   *Verwandte Rechnungen: Setze die Reihen fort.*

$3 + 5 = 8$	$9 - 6 = 3$	$94 + 3 = 97$
$13 + 5 = 18$	$19 - 6 = 13$	$84 + 3 = 87$
$23 + 5 = 28$	$29 - 6 = 23$	$74 + 3 = 77$
$33 + 5 = 38$	$39 - 6 = 33$	$64 + 3 = 67$
$43 + 5 = 48$	$49 - 6 = 43$	$54 + 3 = 57$
$53 + 5 = 58$	$59 - 6 = 53$	$44 + 3 = 47$

***   *Lege ein Hölzchen so um, dass die Rechnung wirklich 6 ergibt. Zeichne die Änderungen mit Farbe ein.*

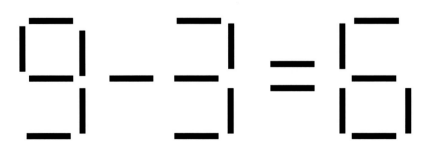

Lernkontrolle 10A

Ergänzen und Zerlegen im Zahlenraum 10 bis 20

*

Ergänze immer auf die Zahl im obersten Feld.

17	
11	**6**
13	**4**
15	**2**
14	**3**
12	**5**

19	
16	**3**
13	6
8	11
9	**10**
12	7

15	
11	**4**
2	13
3	**12**
15	0
14	**1**

12 = 11 + **1**
16 = 14 + **2**
19 = 15 + **4**
20 = 13 + **7**
18 = 11 + **7**

15 = 13 + **2**
14 = 11 + **3**
13 = 10 + **3**
18 = 14 + **4**
20 = 10 + **10**

**

15 = **10** + 5
12 = **12** + 0
18 = **17** + 1
17 = **12** + 5

19 = **4** + 15
17 = **3** + 14
13 = **3** + 10
14 = **3** + 11

19 = **13** + 6
16 = **2** + 14
20 = 19 + 1
18 = 14 + 4

*** *Verbinde immer 13 Punkte zu verschiedenen Figuren.*

Christine Bircher: Mathe Lernkontrollen 1 © Brigg Pädagogik Verlag GmbH, Augsburg

Lernkontrolle 10B

Ergänzen und Zerlegen im Zahlenraum 10 bis 20

---

*

Ergänze immer auf die Zahl im obersten Feld.

18	
12	**6**
15	3
16	2
13	5
10	8

17	
15	**2**
13	4
5	12
7	**10**
11	6

20	
15	**5**
8	12
6	**14**
10	10
13	**7**

13 = 10 + **3**   16 = 11 + **5**

15 = 12 + **3**   17 = 17 + **0**

18 = 14 + **4**   14 = 11 + **3**

20 = 17 + **3**   15 = 10 + **5**

19 = 13 + **6**   20 = 12 + **8**

**

16 = **14** + 2   17 = **1** + 16   18 = **13** + 5

13 = **10** + 3   15 = **4** + 11   14 = **2** + 12

19 = **11** + 8   11 = **1** + 10   **19** = 17 + 2

18 = **18** + 0   20 = **5** + 15   **16** = 13 + 3

***   *Verbinde immer 13 Punkte zu verschiedenen Figuren.*

    Christine Bircher: Mathe Lernkontrollen 1 © Brigg Pädagogik Verlag GmbH, Augsburg

Lernkontrolle 11A

Addition, Subtraktion im Zahlenraum 10 bis 20

*

12 + 5 = **17**	15 − 4 = **11**	15 − 1 = **14**
11 + 9 = **20**	20 − 8 = **12**	19 − 2 = **17**
17 + 2 = **19**	16 − 2 = **14**	10 + 9 = **19**
13 + 3 = **16**	14 − 3 = **11**	16 + 4 = **20**

15 + **5** = 20	12 + **6** = 18
19 + **0** = 19	19 − **4** = 15
14 − **2** = 12	14 + **2** = 16
13 + **4** = 17	18 − **4** = 14

** *Welche Zahlen passen? Male sie an!*

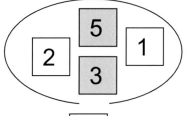

13 + ☐ > 15   17 − ☐ < 12   11 + ☐ > 16

12 = 14 − 2	**18** = 11 + 7
10 = 11 − 1	**20** = 15 + 5

13 = **10** + 3
19 = **20** − 1

***

+	5	7	4
12	**17**	**19**	**16**
13	**18**	**20**	17
10	**15**	17	**14**

−	6	4	7
17	**11**	13	**10**
20	14	**16**	**13**
19	**13**	**15**	**12**

Christine Bircher: Mathe Lernkontrollen 1 © Brigg Pädagogik Verlag GmbH, Augsburg

Lernkontrolle 11B

Addition, Subtraktion im Zahlenraum 10 bis 20

---

*

15 + 2 = **17**	19 − 6 = **13**	17 − 5 = **12**
17 + 1 = **18**	20 − 9 = **11**	15 − 3 = **12**
14 + 5 = **19**	18 − 3 = **15**	10 + 8 = **18**
11 + 7 = **18**	16 − 5 = **11**	12 + 6 = **18**

13 + **2** = 15	17 + **2** = 19
16 + **2** = 18	20 − **6** = 14
18 − **7** = 11	15 + **0** = 15
12 + **8** = 20	19 − **7** = 12

**   *Welche Zahlen passen? Male sie an!*

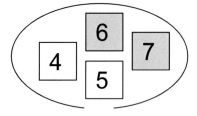

4   **6**   **7**   5   **5**   7   **8**   4   7   **6**   4   3

11 + ☐ > 16   19 − ☐ < 15   13 + ☐ > 17

11 = 16 − 5	
12 = 14 − 2	

19 = 15 + 4	
15 = 13 + 2	

18 = **10** + 8	
17 = **19** − 2	

***

+	5	8	7
11	**16**	**19**	**18**
12	**17**	**20**	19
10	**15**	18	**17**

−	5	4	6
18	**13**	14	**12**
17	12	**13**	**11**
20	**15**	**16**	**14**

Christine Bircher: Mathe Lernkontrollen 1 © Brigg Pädagogik Verlag GmbH, Augsburg

Lernkontrolle 12A

Rechnen bis 20; gemischt, ohne Zehnerübergang

---

*

12 + 6 = **18**	11 + **7** = 18	16 – **0** = 16
19 – **2** = 17	20 – 7 = **13**	19 – 5 = **14**
13 + **1** = 14	16 – **6** = 10	17 – **3** = 14
20 – 5 = **15**	15 + **2** = 17	14 + **4** = 18
14 + 4 = **18**	10 + 4 = **14**	13 – 1 = **12**

15 + 3 = **18**	14 – 4 = **10**	
11 + 2 = **13**	18 – **5** = 13	
20 – **7** = 13	12 + **5** = 17	
13 – **1** = 12	13 + 6 = **19**	
17 + 3 = **20**	15 – **0** = 15	

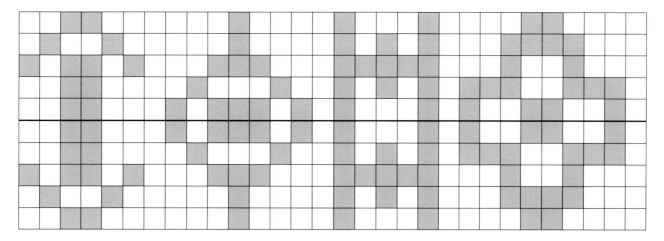

**

19 = 12 + 7	**11** = 20 – 9	16 = 20 – **4**
18 = 10 + 8	**10** = 15 – 5	14 = 12 + **2**
11 = 17 – 6	19 = **15** + 4	20 = 18 + **2**
20 = 16 + 4	**15** = 18 – 3	13 = 20 – **7**
18 = 13 + 5	**11** = 16 – 5	18 = 12 + **6**

***   *Spiegele das Muster.*

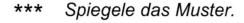

Lernkontrolle 12B

Rechnen bis 20; gemischt, ohne Zehnerübergang

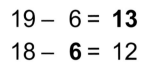

---

*

11 + 5 = **16**	15 + **4** = 19	17 − **0** = 17
18 − **4** = 14	20 − 4 = **16**	19 − 6 = **13**
12 + **3** = 15	14 − **4** = 10	18 − **6** = 12
20 − 7 = **13**	16 + **2** = 18	13 + **3** = 16
13 + 3 = **16**	10 + 5 = **15**	12 − 1 = **11**

14 + 4 = **18**	17 − 7 = **10**
11 + 8 = **19**	16 − **4** = 12
20 − **6** = 14	11 + **7** = 18
14 − **2** = 12	15 − 4 = **11**
16 + 4 = **20**	16 − **0** = 16

**

17 = 11 + 6	**14** = 20 − 6	17 = 20 − **3**
17 = 10 + 7	**10** = 16 − 6	13 = 11 + **2**
13 = 18 − 5	18 = **16** + 2	20 = 16 + **4**
20 = 15 + 5	**13** = 17 − 4	11 = 20 − **9**
16 = 14 + 2	**13** = 15 − 2	19 = 10 + **9**

***   *Spiegele das Muster.*

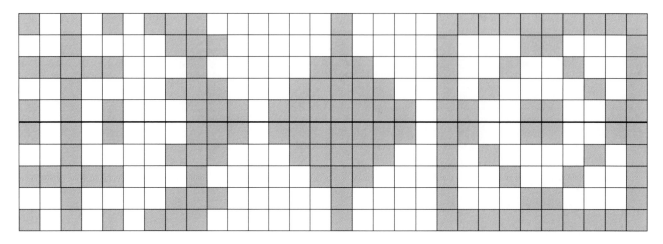

 Christine Bircher: Mathe Lernkontrollen 1 © Brigg Pädagogik Verlag GmbH, Augsburg

Lernkontrolle 13A

Verdoppeln, Halbieren

---

*

Halbiere die Figuren mit einem Strich.

  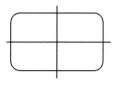 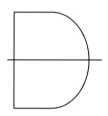

** *Schreibe das Doppelte.*

1	4	2	7	5	10	8	6	3	9
2	**8**	**4**	14	**10**	**20**	**16**	**12**	6	**18**

Schreibe die Hälfte.

10	14	12	16	20	8	18	6	4	2
5	**7**	**6**	**8**	10	**4**	**9**	**3**	**2**	**1**

*** *Spiegele die Punkte und zähle sie zusammen.*

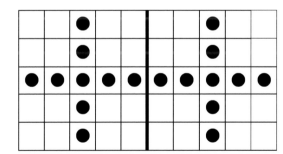

9 + 9 = 18

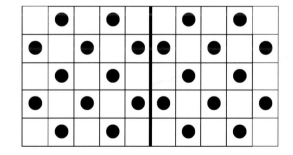

12 + 12 = 24

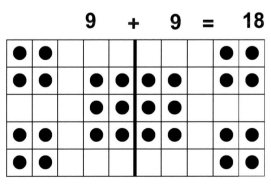

14 + 14 = 28

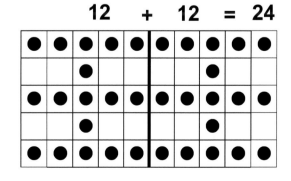

17 + 17 = 34

Christine Bircher: Mathe Lernkontrollen 1 © Brigg Pädagogik Verlag GmbH, Augsburg

Lernkontrolle 13B

Verdoppeln, Halbieren

*

Halbiere die Figuren mit einem Strich.

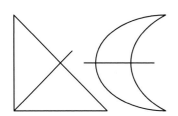  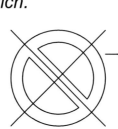 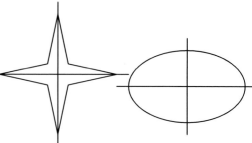

**   *Schreibe das Doppelte.*

4	7	1	9	5	2	6	8	10	3
8	**14**	**2**	18	**10**	**4**	**12**	**16**	**20**	**6**

Schreibe die Hälfte.

8	4	12	20	18	2	14	16	10	6
4	**2**	**6**	**10**	9	**1**	**7**	**8**	**5**	**3**

***   *Spiegele die Punkte und zähle sie zusammen.*

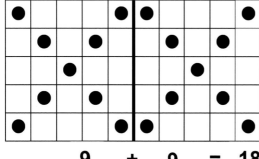

9   +   9   =   18

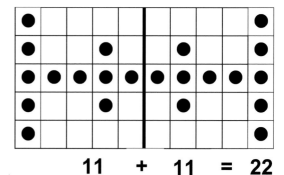

11   +   11   =   22

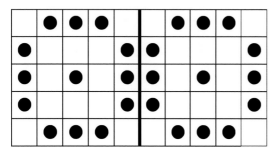

13   +   13   =   26

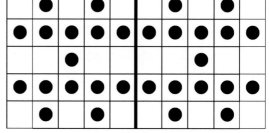

15   +   15   =   30

Lernkontrolle 14A

Zehnerübergang: Zerlegen, Addition, Ergänzen

---

*

12 = 5 + **7**	5 + 9 = **14**	4 + 10 = **14**
14 = 8 + **6**	3 + 8 = **11**	7 + 8 = **15**
17 = 9 + **8**	5 + 8 = **13**	4 + 9 = **13**
11 = 7 + **4**	6 + 10 = **16**	7 + 4 = **11**
15 = 6 + **9**	7 + 7 = **14**	6 + 7 = **13**

8 + **6** = 14	6 + **7** = 13
7 + **5** = 12	4 + **8** = 12
5 + **10** = 15	8 + **10** = 18
8 + **9** = 17	2 + **9** = 11
9 + **9** = 18	5 + **8** = 13

**

12 = **4** + 8	**11** = 6 + 5	13 = 8 + **5**
18 = **9** + 9	**12** = 5 + 7	15 = 7 + **8**
11 = **6** + 5	**16** = 7 + 9	16 = 9 + **7**
12 = **9** + 3	**12** = 6 + 6	14 = 4 + **10**
15 = **7** + 8	**13** = 3 + 10	17 = 8 + **9**

*** *Die Summe der Zahlen ist jeweils an den drei Seiten gleich.*

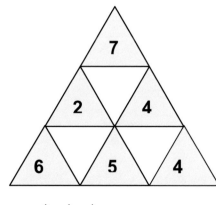

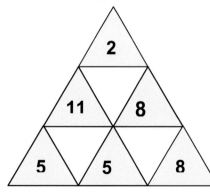

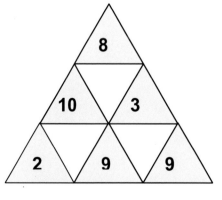

= 15   = 18   = **20**

Christine Bircher: Mathe Lernkontrollen 1 © Brigg Pädagogik Verlag GmbH, Augsburg

Lernkontrolle 14B

Zehnerübergang: Zerlegen, Addition, Ergänzen

---

*

11 = 7 + **4**	4 + 8 = **12**	7 + 10 = **17**
15 = 6 + **9**	6 + 7 = **13**	5 + 7 = **12**
14 = 8 + **6**	3 + 9 = **12**	2 + 9 = **11**
13 = 5 + **8**	9 + 10 = **19**	8 + 3 = **11**
16 = 6 + **10**	8 + 6 = **14**	9 + 7 = **16**

7 + **6** = 13	3 + **10** = 13
6 + **5** = 11	5 + **7** = 12
9 + **6** = 15	9 + **6** = 15
4 + **8** = 12	3 + **8** = 11
8 + **8** = 16	8 + **6** = 14

**

13 = **6** + 7	**13** = 7 + 6	13 = 6 + **7**
19 = **10** + 9	**11** = 3 + 8	11 = 5 + **6**
15 = **7** + 8	**14** = 8 + 6	12 = 8 + **4**
16 = **9** + 7	**18** = 9 + 9	15 = 10 + **5**
14 = **8** + 6	**12** = 2 + 10	18 = 8 + **10**

*** *Die Summe der Zahlen ist jeweils an den drei Seiten gleich.*

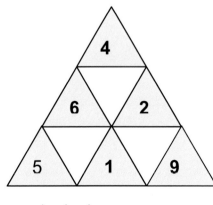

 = 15

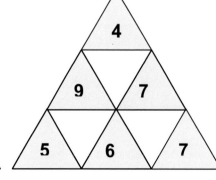

 = 18

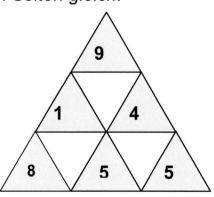 = 18

Christine Bircher: Mathe Lernkontrollen 1 © Brigg Pädagogik Verlag GmbH, Augsburg

Lernkontrolle 15A

Zehnerübergang: Subtraktion, Vermindern

---

*

16 − 7 = **9**	17 − 9 = **8**	14 − 10 = **4**
13 − 5 = **8**	12 − 8 = **4**	16 − 8 = **8**
11 − 3 = **8**	14 − 8 = **6**	18 − 9 = **9**
12 − 4 = **8**	19 − 10 = **9**	11 − 4 = **7**
14 − 5 = **9**	15 − 7 = **8**	17 − 10 = **7**

18 − **9** = 9	12 − **9** = 3
17 − **9** = 8	14 − **7** = 7
15 − **9** = 6	11 − **3** = 8
18 − **10** = 8	12 − **8** = 4
19 − **9** = 10	15 − **7** = 8

**

7 = 12 − 5	8 = 12 − **4**	6 = **11** − 5
8 = 15 − 9	6 = 15 − **9**	8 = **17** − 9
9 = 17 − 8	7 = 14 − **7**	9 = **17** − 8
6 = 16 − 10	9 = 19 − **10**	8 = **11** − 3
6 = 13 − 7	5 = 13 − **8**	7 = **14** − 7

***   *Setze die passenden Zahlen und Zeichen ein.*

11 − 2 **>** 12 − 4	16 − 10 **<** 17 − 9	12 − 3 = 14 − **5**
13 − 4 **=** 15 − 6	12 − 5 **<** 13 − 4	14 − 8 = **11** − 5
12 − 6 **<** 14 − 7	13 − 8 **=** 12 − 7	16 − **10** = 13 − 7
14 − 6 **<** 18 − 9	15 − 7 **>** 15 − 9	**14** − 6 = 16 − 8
15 − 8 **>** 16 − 10	16 − 8 **<** 17 − 8	13 − 6 = **10** − 3

Christine Bircher: Mathe Lernkontrollen 1 © Brigg Pädagogik Verlag GmbH, Augsburg

Lernkontrolle 15B

Zehnerübergang: Subtraktion, Vermindern

---

*

14 – 5 = **9**	13 – 9 = **4**	15 – 7 = **8**
13 – 7 = **6**	17 – 9 = **8**	11 – 5 = **6**
15 – 6 = **9**	12 – 4 = **8**	16 – 8 = **8**
11 – 2 = **9**	14 – 8 = **6**	13 – 6 = **7**
16 –10 = **6**	19 –10 = **9**	18 – 9 = **9**

12 – **5** = 7	16 – **7** = 9
16 – **7** = 9	11 – **3** = 8
13 – **8** = 5	14 – **9** = 5
17 – **9** = 8	19 – **10** = 9
15 – **10** = 5	12 – **8** = 4

**

8 =14 – 6	8 =17 – **9**	7 =**11** – 4
9 =16 – 7	5 =11 – **6**	8 =**16** – 8
8 =13 – 5	9 =15 – **6**	5 =**15** –10
6 =15 – 9	6 =12 – **6**	9 =**14** – 5
4 =12 – 8	4 =11 – **7**	6 =**15** – 9

***   *Setze die passenden Zahlen und Zeichen ein.*

19 –10 **>** 11 – 4	15 – 8 **<** 17 – 9	12 – 3 = 11 –**2**
17 – 8 **=** 16 – 7	11 – 5 **=** 13 – 7	14 – 6 = **15** – 7
11 – 5 **<** 15 – 8	12 – 4 **>** 12 – 5	15 – **6** = 11 – 2
16 – 7 **=** 18 – 9	14 – 8 **=** 15 – 9	**17** – 8 = 13 – 4
13 – 6 **<** 16 – 8	13 – 8 **<** 17 – 9	13 – 5 = **11** – 3

Christine Bircher: Mathe Lernkontrollen 1 © Brigg Pädagogik Verlag GmbH, Augsburg

Lernkontrolle 16A

Wiederholung 1. Schuljahr; Zahlenraum bis 20

---

*

5 + 4 = **9**	15 – 8 = **7**	13 – **8** = 5
10 – 3 = **7**	9 + 7 = **16**	4 + 8 = **12**
6 – **5** = 1	17 – **10** = 7	15 – **7** = 8
2 + **7** = 9	12 – **7** = 5	8 + **6** = 14
4 + **8** = 12	7 + 7 = **14**	16 – **9** = 7

9 + 3 = **12**	7 + **4** = 11
16 – **8** = 8	10 – 6 = **4**
11 + 9 = **20**	7 + 5 = **12**
14 – **8** = 6	9 + 8 = **17**
10 – **6** = 4	15 – **10** = 5

**

13 = 9 + 4	**19** – 10 = 9	11 – 4 **>** 6
6 = 12 – 6	**9** + 3 = 12	5 + 10 **>** 14
9 = 4 + 5	**3** + 8 = 11	13 – 8 **=** 5
10 = 13 – 3	**18** – 5 = 13	20 – 9 **<** 12
5 = 15 – 10	**2** – 1 = 1	2 + 11 **<** 14

***

12	+ 2	**14**	– 5	**9**	+ 3	**12**	– 4	**8**	+ 9	**17**
13	– 4	**9**	+ 4	**13**	+ 7	**20**	– 2	**18**	+ 3	**21**
21	– 5	**16**	– 8	**8**	+ 3	**11**	+ 5	**16**	+ 7	**23**
12	– 7	**5**	+ 6	**11**	+ 7	**18**	+ 4	**22**	– 4	**18**

Christine Bircher: Mathe Lernkontrollen 1 © Brigg Pädagogik Verlag GmbH, Augsburg

Lernkontrolle 16B

Wiederholung 1. Schuljahr; Zahlenraum bis 20

---

*

2 + 6 = **8**	16 − 9 = **7**	14 − **8** = 6
10 − 6 = **4**	6 + 9 = **15**	3 + 9 = **12**
7 − **4** = 3	14 − **10** = 4	13 − **6** = 7
4 + **7** = 11	11 − **5** = 6	7 + **8** = 15
6 + **7** = 13	8 + 8 = **16**	15 − **6** = 9

6 + 8 = **14**	6 + **8** = 14
12 − **4** = 8	10 − 8 = **2**
10 + 8 = **18**	8 + 5 = **13**
13 − **5** = 8	9 + 6 = **15**
10 − **6** = 4	12 − **10** = 2

**

14 = 8 + 6	**13** − 10 = 3	12 − 5 **>** 6
6 = 14 − 8	**7** + 4 = 11	6 + 10 **=** 16
7 = 3 + 4	5 + 7 = 12	15 − 8 **>** 6
10 = 17 − 7	**19** − 6 = 13	20 − 8 **<** 13
9 = 19 − 10	**4** − 2 = 2	4 + 11 **<** 16

***

14	+ 3	17	- 6	11	+ 4	15	- 7	8	+ 8	16
16	− 9	7	+ 5	12	+ 8	20	− 1	19	+ 3	22
21	− 4	17	− 9	8	**+ 4**	12	+ 5	17	+ 7	24
16	− 5	11	+ 3	14	+ 8	22	+ 3	25	− 6	19

Christine Bircher: Mathe Lernkontrollen 1 © Brigg Pädagogik Verlag GmbH, Augsburg

Lernkontrolle 17A

Wiederholung 1. Schuljahr; erweiterter Zahlenraum

---

*

9 + 8 = **17**	100 – 60 = **40**	16 – **9** = 7
40 – 5 = **35**	8 + 7 = **15**	40 + 30 = **70**
9 – **7** = 2	14 – **10** = 4	17 – **8** = 9
4 + **3** = 7	11 – **7** = 4	8 + **4** = 12
5 + **7** = 12	90 + **5** = **95**	12 – **6** = 6

60 + 5 = **65**	5 + **6** = 11
15 – **8** = 7	45 – 5 = **40**
80 – 5 = **75**	50 + 5 = **55**
12 – **9** = 3	70 + 20 = **90**
18 – **10** = 8	14 – **9** = 5

**

14 = 7 + 7	**13** – 10 = 3	11 – 7 **<** 5
9 = 11 – 2	**9** + 5 = 14	100 – 30 **<** 75
12 = 7 + 5	**8** + 4 = 12	11 – 8 **>** 2
30 = 35 – 5	**70** – 50 = 20	19 – 9 **<** 11
40 = 60 – 20	**45** – 5 = 40	20 + 5 **=** 25

***

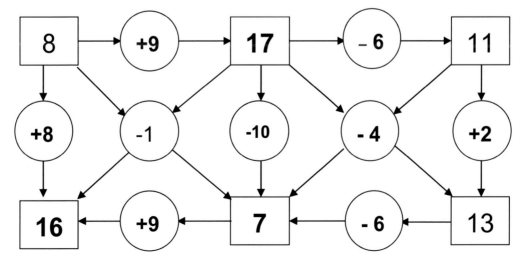

Lernkontrolle 17B

Wiederholung 1. Schuljahr; erweiterter Zahlenraum

*

5 + 7 = **12**	100 − 70 = **30**	14 − **6** = 8
85 − 5 = **80**	9 + 6 = **15**	20 + 60 = **80**
7 − **6** = 1	13 − **10** = 3	16 − **9** = 7
3 + **5** = 8	12 − **6** = 6	5 + **6** = 11
6 + **8** = 14	70 + 5 = **75**	13 − **5** = 8

50 + 5 = **55**	3 + **9** = 12
11 − **3** = 8	45 − 5 = **40**
30 − 5 = **25**	60 + 5 = **65**
15 − **7** = 8	40 + 50 = **90**
17 − **10** = 7	12 − **8** = 4

**

18 = 9 + 9	**14** − 10 = 4	17 − 10 **=** 7
8 = 14 − 6	**9** + 4 = 13	100 − 40 **<** 65
14 = 8 + 6	**6** + 5 = 11	13 + 9 **>** 21
90 = 95 − 5	**60** − 30 = 30	16 − 6 **<** 11
40 = 70 − 30	**55** − 5 = 50	30 + 5 **=** 35

***

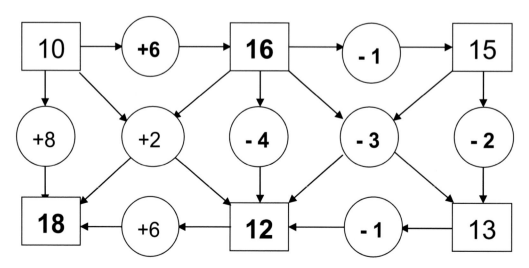

Lernkontrolle 18A

Im Hallenbad (Textaufgaben)

---

*

Benny schwimmt 8 Bahnen. Jetzt schwimmt er noch 5 Bahnen.
Wie viele Bahnen sind es insgesamt?

Rechnung: 8 + 5 = 13

Antwort: Benny schwimmt 13 Bahnen.

Jasmin und Silvio kaufen am Kiosk 12 saure Zungen.
Sie verschenken 5 Stück an ihre Freundinnen und Freunde.
Wie viele bleiben übrig?

Rechnung: 12 – 5 = 7

Antwort: Es bleiben noch 7 saure Zungen übrig.

**

Tarik und Nora stehen an der Kasse. Der Eintritt kostet für jedes
Kind 4 Euro. Die Mutter hat ihnen 12 Euro mitgegeben. Wie viel
Geld darf jedes Kind noch ausgeben?

Rechnung: 2 x 4 € = 8 €   12 € – 8 € = 4 €   4 € : 2 = 2 €

Antwort: Jedes Kind darf noch 2 Euro ausgeben.

Beim Sprungturm stehen 15 Kinder. 9 davon sind Mädchen.
Wie viele Jungen stehen dort?

Rechnung: 9 + 6 = 15

Antwort: 6 Jungen stehen beim Sprungturm.

***

Die 1. Klasse trifft sich nach dem Schwimmen vor dem Hallenbad.
6 Mädchen und 9 Jungen sind schon da.
In der 1. Klasse sind 21 Kinder.
Wie viele fehlen noch?

Rechnung: 6 + 9 =15   15 + 6 = 21

Antwort: Es fehlen 6 Kinder.

 Christine Bircher: Mathe Lernkontrollen 1 © Brigg Pädagogik Verlag GmbH, Augsburg

Lernkontrolle 18B

Im Hallenbad (Textaufgaben)

---

*

Benny schwimmt 7 Bahnen. Jetzt schwimmt er noch 8 Bahnen.
Wie viele Bahnen sind es insgesamt?

Rechnung: 7 + 8 = 15

Antwort:　　Benny schwimmt 15 Bahnen.

Jasmin und Silvio kaufen am Kiosk 14 saure Zungen.
Sie verschenken 8 Stück an ihre Freundinnen und Freunde.
Wie viele bleiben übrig?

Rechnung:　14 – 8 = 6

Antwort:　　Es bleiben noch 6 saure Zungen übrig.

**

Tarik und Nora stehen an der Kasse. Der Eintritt kostet für jedes
Kind 3 Euro. Die Mutter hat ihnen 10 Euro mitgegeben. Wie viel
Geld darf jedes Kind noch ausgeben?

Rechnung: 2 x 3 € = 6 €　　10 € – 6 € = 4 €　　　4 € : 2 = 2 €

Antwort:　　Jedes Kind darf noch 2 Euro ausgeben.

Beim Sprungturm stehen 15 Kinder. 7 davon sind Jungen.
Wie viele Mädchen stehen dort?

Rechnung:　7 + 8 = 15

Antwort:　　8 Mädchen stehen beim Sprungturm.

***

Die 1. Klasse trifft sich nach dem Schwimmen vor dem Hallenbad.
8 Mädchen und 9 Jungen sind schon da.
In der 1. Klasse sind 22 Kinder.
Wie viele fehlen noch?

Rechnung:　8 + 9 =17　　　17 + 5 = 22

Antwort:　　Es fehlen 5 Kinder.

Christine Bircher: Mathe Lernkontrollen 1 © Brigg Pädagogik Verlag GmbH, Augsburg